誘惑者的日記

齊克果

Søren Aabye Kierkegaard

陳岳辰 譯

Kierkegaard

關於齊克果 1813-1855

一八一三年

五月五日生於丹麥哥本哈根。

齊克果的父親早年是鄉下農工，後來白手致富並娶得富豪之女，躋入哥本哈根上流社會。妻子病間，再娶家中女傭，老年得子，命名為索倫．齊克果。他對幼子管教非常嚴厲，加以齊克果自幼體弱多病，與兄長們相處不睦，種種因素形成齊克果的憂鬱性格。

一八三〇年

就讀於丹麥伯格戴德中學（Østre Borgerdyd Gymnasium），學習拉丁文和歷史等科目。同年十月進入哥本哈根大學（University of Copenhagen）攻讀神學。求學期間，他對於歷史著作的興趣不大，哲學尤其無法滿足他，他無法理解為什麼要「把自己一生都投入思索」，他曾說：「我真正需要的是弄清楚『我要做什麼』，而非『我必須知道什麼』。」

一八三四年

當時的丹麥將基督教定為國教，只要是在丹麥出生的人都被視為基督徒。但在齊克果看來，他周遭充斥一些有名無實的基督徒。在這段期間他的信仰陷入低潮，生活過得頹靡。開始撰寫日記。

同年，齊克果的母親逝世，據稱死於傷寒，享年六十六歲，她是一名樂觀的女性，但齊克果從未在作品中提及母親。

一八三七年

回伯格戴德中學教授拉丁文。

五月八日，初次認識蕾貞娜・奧森（Regine Olsen），彼此互相吸引。

一八三八年

與蕾貞娜交往。八月八日，父親逝世，享年八十二歲。齊克果深受父親影響，他曾寫道：「我深深渴望他能多活幾年……他是一位可靠的朋友。」父親死後，有段時間齊克果日記幾為空白。而他的教育費、生活費、甚至出版費用，主要皆得力於父親的遺產。

——一八四〇年

九月八日，齊克果終於向蕾貞娜求婚，並獲得女方同意婚約。十一月七日，進入傳教學校任職。

——一八四一年

十月十一日，與蕾貞娜解除婚約，遠赴柏林。一般認為兩人仍然相愛，而齊克果在日記中寫道，他認為自己的抑鬱讓他不適合婚姻。同年取得丹麥大學文學碩士學位。

——一八四三年

二月二十日出版《非此即彼：生活片簡》（*Either/Or*）第一卷和第二卷。十月十六日出版《恐懼與戰慄》（*Fear and Trembling*）。接下來陸續出版多部關於愛的論述集。在這段創作高峰期，齊克果以不同筆名寫作。隔年出版《憂懼的概念》（*The Concept of Anxiety*）。

——一八四五年

與他人合著《生命途中的階段》（*Stages on Life's Way*）。齊克果認為人無法透過客觀性獲得真理，真理只能透過主觀性來呈現。他反對傳統哲學論述將真理視為客觀的知識，所以他不願將自己的想法寫成哲學理論，而是以文學的形式呈現。

完成《對哲學片簡之最終非學術的附筆》（*Concluding Unscientific Postscript to the Philosophical Fragments*）第一部分。

一八四七年

《愛在流行》出版。存在主義是齊克果的神學裡最主要也最重要的部分，他認為人要與上帝建立關係，必須是個人的決定與實踐，而非抽象推理。

一八四八年

《基督教論述》（*Christian Discourses*）出版，許多內容同樣在探討「人的憂懼」。

一八四九年

《非此即彼：生活片簡》二版。七月以筆名反克立馬科斯（Anti-Climacus）出版《死病》（*The Sickness Unto Death*），書中提到：「絕望是一種死病，是心靈之病，是自我之病。」本書可說是齊克果心靈更成熟後，重敘的《恐懼與戰慄》。他認為絕望是不接受自己不想要的自我而最終失去了自我。

一八五五年

在生命的後期寫作與出版許多基督教的論述。十月二日昏倒於路上，十一月十一日逝世於哥本哈根弗德烈醫院。據說齊克果臨終時不願接受教會的聖餐，也不肯讓教會介入他的喪禮。

導讀

存在，反省，思考，存在

陳俊輝

當代丹麥的人類性靈導師——索倫・阿比・齊克果，一八一三年五月五日生於哥本哈根市一個基督新教路德會的家庭。在七兄弟姊妹中，排行老么。一八二一年就讀伯格戴德小學；一八二八年四月接受敏斯特主教的堅振禮。一八三〇年十月進入哥本哈根大學；一八四〇年七月通過神學考試。一八四〇年九月與十七歲的蕾貞娜・奧森小姐訂婚；隔年十月十一日解除婚約。一八四一年十月二十五日與一八四三年五月八日，先後兩度前往柏林。一八五五年十一月十一日因病死於他曾峻拒就醫的基督教弗德烈醫院；得年四十有二。終生未娶。

綜觀齊克果一生，能影響其寫作與情感思緒的，至少有四大因素：

一、家庭方面：父親米開爾・裴德森・齊克果的憂鬱性格，以及對其拉丁文與希臘文過人的要求，深深籠罩著他。尤其後者，可引起齊克果對該兩語文世界暨其內涵的專注。再來，是他與蕾貞娜解除婚約。當時的齊克果顯然深受父親個人問題的困擾，而一直畏懼「原罪」帶給家庭的禍害：其父違反教規，在前任妻子生病期間，卻娶了安妮・梭倫斯達特・隆德。齊克果即爲第二任妻子所生。

之後，齊克果自承，蕾貞娜使他成爲一個詩人。儘管逕視蕾貞娜不可能成爲他生命中一個可互通理念與分享情愫的伴侶，齊克果依然把他在柏林，即其解除婚約後的去處，繼續完成的《非此即彼：生活片簡》，以及接連寫成的《重述》和《恐懼與戰慄》，另加上《兩篇訓義談話》，都獻給他心目中的那個「個人」——蕾貞娜。

二、社會方面：是指以「海盜」爲報紙刊名的事件。起因是當時齊克果認爲該報社有位名爲繆勒的執行編輯，不僅人品差，實爲一圖取教席之流；還曾以卑劣手段，啃蝕丹麥青年人的心靈。更有甚者，他還在自己的《文學評論年報》上，痛批齊克果的《生命途中的階段》。

針對此事，齊克果亦遷怒於該報社的高爾德施密特這位編輯。因爲他的妥協，可使上了報章的齊克果，在一夕間，竟變成一個被諷刺有加、家喻戶曉的滑稽人物。看來，經過這場風波，齊克果憬悟：堅決肯定自我，衛護「個人」，不屑與「群眾」爲伍，始是他與人交接的不二法則。

三、宗教方面：親睹當時國家宗教的不振、沉淪，乃至俗化，齊克果痛心地批判：「基督教的不幸，顯然是在路德的信仰教義中，已割捨辯證的因素；因而，變成異端與享樂主義的藏身處。」又稱：「基督教國不存在，神卻永存。」

像這類的宗教論斷，可牽動齊克果針對馬天生（爲一八五四年一月三十日辭世的敏斯特主教的繼承者）在悼念會上指敏斯特是眞理的衛護者與見證者而作出的反駁。刻意衝著馬天生，齊克果不久爲文反諷：「敏斯特主教是否爲眞理的見證者？」

自一八五四年十二月十八日起，至隔年的六月間，齊克果即不斷發表一系列文章攻擊馬天生；直到他因病癱倒爲止。

四、學術方面：針對當時的學風，齊克果關切的勿寧是人的「生存」本義，以及「倫理」，乃至「宗教」之與人存在的關聯。因而，他極力喚醒時人當返回內心，並重視自己的意志、激情、決斷與行動力。爲此，他針砭時代的迷思，並提點時人只一味迷戀於反省、理解、思辨與努力積累知識。

像他就稱：

「我們這時代，本質上是沒有熱情，只重視理解與思想的時代；有時雖也發出熱忱，但轉眼又如黠鼠般歸於緘默。」

「這時代之所需，在最深的意義上，可用一個詞充分表達；它需要……『永恆』。我們這時代的不幸……它只是『暫時』，是俗世。它對有關永恆的任何事物，全無耐心聽取。」

「這時代整個的趨勢，簡言之，必是深植在這個事實上：由於我們知識的廣泛增加，人們早已淡忘什麼是『生存』的意義，以及什麼是『內向性』的表意。」

他又說：

「如果人們遺忘以敬虔方式去生存的本義；無疑，他們也會遺忘以一個人去生存的本義。」

從以上的引述看來，齊克果努力倡言，當不外要時人重視自我存在暨倫理的價值。尤其，更要宗教的加持，這才能教個人的生命和存在獲致完滿的意義。以下，稍自齊克果的自白，就可得到佐證：

「一個人一旦欠缺倫理與宗教的熱情；那麼，單是作爲一個個人，那也是一件絕望的事。」

「倫理，是爲正存在的個人，是爲了活人而存在；而神，卻是活人的神。」

「祂的權能，只存於倫理內；而這，便是存在的內容。」

「個人的倫理發展，是在建立一個小小的私人劇院，神在其中，則是一位觀眾；個人自己，也不例外。當然，存在的個人，也是主角；只是，他的工作，並不在欺瞞，而是在啓顯。爲此，一切倫理的發展，都繫賴在神的面前變成透明化。」

齊克果的一生，可用「存在，反省，思考，存在」這八字眞言來形容。他對人類性靈的探索，有他的用心；因而，在人性、寓言、文學、心理學、語言學、詮釋學、哲學、美學、神學與宗教諸方面的構思，則每有新的創見。古希臘哲人蘇格拉底，以及猶太基督教的教主暨救主耶穌基督，堪稱是他追隨的精神偉人。齊克果所創建的「存在」觀，就深受他們的啓迪：生存，就要向前行，要決斷……；不斷認識自己，選擇自己，以更新自己。他還表示：「『非此即彼』，是通向天堂的鎖鑰；『……兩者，都……』，卻是走向地獄之路。」

此際，且來檢視齊克果撰作《非此即彼：生活片簡》的心路歷程。齊克果在一八四八年十一月即已完成、至一八五九年由其胞兄出版的《作爲一個作者我對作品之觀點》，曾明示：包涵感性作品在內的所有著作，自始是以「宗教作家」的身份在執筆。爲此，針對包含〈誘惑者的日記〉在內整部的《非此即彼：生活片簡》，有人或會質疑：齊克果將本其「宗教作家」身份，而使它染上宗教色彩。想來，這是多慮了。因齊克果之使用筆名，原是其探討個人生命眞相刻意做的自我辯證：當下視己爲一「異教徒」。這個「異教徒」，已覺察，且已在分辨……他尤其知道在感性存在界之外，可另有一值得他理喻、甚至肯認的「倫理存在」界。

齊克果在《非此即彼：生活片簡》的出版之後；接而，陸續完成多樣性又有分量的思想作品：《恐懼與戰慄》、《哲學片簡》、《憂懼的概念》、《對哲學片簡之最終非學術的附筆》、《愛在流行》、《致死之病》、《基督教中的勵練》，以及《瞬間》等等。

《恐懼與戰慄》一書，對《非此即彼：生活片簡》所注意到的倫理存在與宗教存在的關聯，較有明確的闡述：倫理存在應可過渡到宗教存在。至於作爲齊克果所有論述的分水嶺之作《對哲學片簡之最終非學術的附筆》，則明白表示：宗教存在似已吸收了倫理存在。

本文作者台灣大學哲學系退休，現爲輔仁大學哲學系兼任副教授

Prelude

此刻我的內心悸動難以遏抑。爲了一窺究竟，我逼不得已在極度焦慮中，急忙抄錄下那份潦草的手稿。無論當下或事後，我心裡除了不安，也充滿罪惡感。事情來得意外：他竟然忘記鎖上書桌，甚至沒有闔緊，裡頭的東西任我擺布。雖然我安慰自己說我並未拉開抽屜，但這粉飾不了我的行爲。原本就打開的一只抽屜裡擱著許多紙張，上面壓著一本四開筆記，裝訂精美，白色封面上以他的筆跡寫著**隨思隨筆四**。本子確實是開著的，標題確實引人注意，但我明白，撇開這些理由，我仍然抗拒不了誘惑，或許該說根本不想抗拒。

此外，與其說標題醒目，不如說是它旁邊那些雜物的推波助瀾。輕瞥一眼，散落的紙張上羅列著親暱關係、乃至於情色場景的描寫，還有一些信件草稿。後來我才明白，那些巧妙的文字都是經過心思縝密的算計。這男人實在卑劣狡詐。回想起來，我彷彿化身警探，進入僞造犯的房間調查，翻查抽屜裡各種工具時找到了筆跡樣本，簽名、花體字、甚至鏡像字等一應俱全。看來他不只精於此道，還陶醉其中無法自拔。

然而我沒有警徽，查緝犯罪並非職責所在，本該意識到自身行爲已觸犯法律，不過處於那種狀況下，恐怕多數人都會如我這般心神不寧、瞠目結舌。當下我太過震撼，經過一番內在對話後思維才得以掙脫束縛，喚醒疏離的自我。反省得越多，心神便越不容易慌亂，就好比查驗護照的官員看過形形色色的旅客以後，已然見怪不怪。我雖自認心思成熟，起初也難免動搖，我記得當時自己臉色蒼白、差點兒昏過去，情緒激盪不已。萬一他忽然回家，目擊我將這些東西拿在手中……不知日後我會遭受多厲害的良心譴責。

標題本身並不令人訝異，一開始我以爲是研究手稿的彙整。我知道他熱中學術，會做筆記理所當然。然而內容卻完全與此無關。那其實是日記，寫得十分仔細。之前認識不深，我無法想像此人有何生活點滴值得記錄。此刻對他的內心世界有了進一步瞭解，便明白這標題甚具巧思，與內容完美協調，展現出他從美學以及客觀的角度理解自我和自身處境。他窮盡心力追求詩意人生，培養挖掘生命趣味的本領，並且不斷以詩意的方式重新鑄造這些經驗。因此，他的日記未必全然合於事實，其中參雜虛構妄想。儘管是事發之後的記錄，有時或許還是隔了很久之後，但描述讓人覺得栩栩如生，彷彿事情正在眼前上演。以此推測，這本日記應當不具其他目的，僅供作者個人享樂，內容的整體或細節都不像打算要公諸於世。

但即使這些文字被人發現，作者也無須過分擔心，因爲裡頭的人名大半古怪，讀者難以確認所指涉的對象。我推敲之後，認爲故事中的名字屬實，他可藉此辨別主角，而旁人只怕會受姓氏誤導，不得其門而入。至少以這本日記而言，我的猜想大抵無誤，中心人物是我也認識的那位寇迪莉婭，只不過她的姓氏並非瓦爾。

至於爲何日記的筆調如此詩意？這不難解釋，畢竟作者本身就是詩人性格，在他而言，將意境和現實分開來看既不困難也並非盲目。作者眼中無處不是詩意，身在詩意的情境中是第一層享受，從心靈淬鍊出更精純的詩意則是第二層享受；他的生命就是在追求這種愉悅，除了尋找外在的美感，也耽溺於內在的自我之美。在第一層境界裡，他恣意地享受著現實帶給他、以及他賦予現實的樂趣；一旦進入第二層境界裡，甚至連自我都蒸發了，他全然沉入情境，或者說是劇本的角色裡。換句話說，在第一層境界裡他還需要現實的配合，但在第二層境界裡，即便現實也得屈服於內在詩意。第一個階段只是暖場，壓軸好戲是第二階段的澎湃情緒。從日記的文字也可以看出這兩個階段的差異。而他便是通過這樣的過程，於人生中尋找曖昧，自曖昧中提取詩意。

在我們生活的現實世界之外，尚有另一個世界存在，兩者的關係如同舞台以紗幕分隔爲前後。隔著那層紗，我們看見朦朧虛幻、與現實不同的新天地。許多人的身體出現在前方的眞實世界，心靈卻飄到另一邊。這種意識幾乎淡出現實的狀態，有時候是疾病導致的，我曾誤以爲自己熟識的這個日記作者正屬此例。他不屬於現實世界，但又與現實世界有著許多關連。他依舊過著現實的生活，還頗爲活躍，但看似投入的表象之下，那顆心早已脫離常軌。然而把他喚走的事物既非善，也不能說是惡——事到如今我仍不敢對他妄下斷言。這人深受腦部疾患所害，眞實世界的事物對他造成的刺激太過輕微，或者太過短暫。他並非被現實壓垮、無力承受；不，他的心靈過分堅固，而這種堅固是一種病。一旦現實世界失去重量，無法帶來刺激，他就會自動抽離。若說他有什麼惡，惡即存在於此：每當心靈受到刺激，他清楚意識到自己會有何反應，而那份自覺便是一種罪惡。

雖然我認識這本日記裡的女主角，但是否有其他女孩受到日記作者的誘惑，我無法肯定，不過就內容來看，恐怕免不了。日記內容呈現出他的誘惑手段異於常人，這一點同樣也不令人意外，畢竟作者本就絕頂聰明、不落俗套。不過日記裡也提到了他在過程中十分克制，例如他想要的如果只是雙方一句寒暄，對方卻給得更多，那麼他無論如何都不願意接受，對他而言那句寒暄就是女孩最美的瞬間。作者的聰明才智足夠知道如何引誘女孩，卻又不淪入狹隘的占有。我可以想像他引領女孩達到關係的高點，就在那一刻，他毫無預兆抽身離去。他從未說過愛，也不對兩人關係做出任何宣示，因此事後女孩的心情更加苦澀。她就像是跟隨女巫跳舞，心情起起落落，糾結於責怪自己、原諒男人，最後卻又不得不怨他。既然兩人之間始終徒有象徵而欠缺實質，女孩內心矛盾掙扎，無從得知是眞是幻。而且她無法訴苦，因爲什麼都沒有發生過，自然就什麼都不能說。平常人做了夢都還說得出自己夢見什麼，但對女孩而言，明明不是夢，想要排遣情緒時，張開嘴巴卻想不出要說什麼才好。她明白這種處境，儘管那情緒恍惚得無人能夠掌握，尤其是她自己無論如何都辦不到，但沉重與焦慮的感受再眞實不過。

這樣的受害者，心路歷程十分獨特。尋常的不幸女子遭受社會排擠，苦得慘烈，心裡無法承受的情緒轉爲憎恨，抑或寬恕。但被誘惑的女子則不然，她的外表一如既往，生活沒有太大改變，依舊受到旁人敬重。然而她的心靈本質終究起了變化，即使她自己無法解釋，其他人也無從推敲。她的生命沒有崩潰顚覆，只是思緒轉而向內；她對其他人失去感覺，試圖找回自我卻也只是徒勞。就此意義而言，這個男人的生命軌跡可以說是無法探查的（那雙腳竟能不留足跡——這是我對他無限寬廣的內心世界最好的想像），未曾有女孩受傷倒在他面前。他太聰明了，不是一般的誘惑者。只不過有時候他會模仿普通人，忽然感性到極點。他與寇迪莉婭的關係複雜微妙，從某些角度看上去，簡直是他受到了誘惑；事實上，縱使寇迪莉婭心上有傷，也時不時會生出這樣的念頭。但同樣地，男人沒留下腳印，誰也證明不了什麼。對他來說，每個女孩都像是一個外在刺激，或者說是一片樹葉，而他自己則是那樹幹，最後總是得揮別枯萎的落葉，否則無法重獲新生。

他心裡如何看待這一切？我的想法是：引人誤入歧途者，代表他自己也走在那條歧路上。此處所指並非外在世界的歧路，而是存在於每個人自我之中。好比有人爲登山者帶路，結果自己其實也不知道方向，半途便逃之夭夭。相較於內在的迷失，我這比喻太過淺薄，因爲迷路的旅人總能夠藉由身邊景物的變化而找到方向，但迷失於自己內心的人則發覺內在世界狹窄得無處可去，不斷繞圈子也找不到出口。

我認爲這個誘惑者本身必定體驗過這種迷惘，而且規模更大又更可怕。對於工於心計的人而言，摸不著頭緒、聰明反被聰明誤，肯定是莫大的煎熬，還得撐到良知覺醒時才能從混沌中獲救。一開始他可能誤以為天地之大總有容身之處，沒想到朝陽光奔去後只找到另一個迷宮，他像驚慌絕望的小動物不停竄逃，卻老是回到原點無法脫困。他陷入自己所設下的局，受到的懲罰比一般罪犯更深重，也因此很難稱之為罪人。比起懺悔，有意識的瘋狂豈不更加悽慘？這種懲罰甚至符合純粹的美學，所謂「良知覺醒」用在他身上還帶有過重的道德色彩。事實上，他的良知並非所謂深層的自我控訴，僅僅是比較高的意識和焦慮，一種持續刺激他神智的動力，導致恆久清醒，無法休養生息。但這種狀態又不能以精神病患稱之，因為儘管他思緒龐雜卻依舊有限，尚未陷入無邊無盡的狂亂中。

可憐的寇迪莉婭。難為了她，她很難重獲平靜吧。即便她打從內心原諒這個男人，思緒還是無法沉澱，因為她忍不住質疑自己：破壞婚約的人是她，推翻一切的人是她，受到驕傲驅使、以為能超越世俗的人也是她。縱然省悟了，她依舊得到不寧靜，因為控訴湧入心中，可是將那些思想植入她心中的明明是那個狡猾的男人啊！接著她感受到恨，藉由詛咒對方她稍微得以喘息。可惜還沒結束——她責怪自己，無法接受充滿怨懟的自己。她相信自己有罪，而且罪孽並不因為男方奸詐與否而有所增減。換句話說，縱使寇迪莉婭坦然接受自己是受到對方的誘惑，各種自我省察卻早已經在交往過程中甦醒。男人領她走入新的美學境界，內心不囿於單調的音色，而能聽到許多聲音。一旦回憶浮現，她甚至忘記罪疚，只記得美好的瞬間，重現那種異常的愉悅。她想起的不只是這個男人，還包括一種新的洞察，代表她的心智有所提升。於是她就算不認爲男人高尚，也足以放下男人所犯的罪，與對方發生過的點點滴滴就以美學的角度看待也罷。

寇迪莉婭曾經寫信給我，信裡提到這個男人時說：「他有時太過聰明。面對他，身爲女性的我彷彿會被摧毀殆盡。然而有時他狂放激情，慾望深邃，在他面前我不由自主地顫抖。偶爾他會對我視而不見，偶爾又表現得徹底臣服。只不過一旦我想擁抱他，兩人關係就會走調，懷中剩下的只有雲朵。[1]雖然認識他之前我就聽過這個比喻，但與他相處之後我才眞正體會箇中滋味。提起往事，心裡還是會浮現他的面容。如今我每一道思緒都彷彿透過他而成形，他就像喜愛音樂的我所找到的獨一無二的樂器；他如此銳利、舉世無雙，具備其他樂器沒有的寬廣音域。他是一切感受和情緒的精髓。在他而

1 譯按：希臘神話中，伊克西翁受宙斯庇護居住於奧林帕斯山時，想要調戲天后赫拉，宙斯以一朵形似赫拉的雲朵代替，伊克西翁與雲朵結合，生出了人馬，後來伊克西翁受懲罰，被捆綁在冥界火輪上。

言，沒有高不可攀，亦沒有俗不可耐，他能如秋風秋雨般呼嘯，也能低沉幽靜杳不可聞。他將我每一句話都聽進去，我卻無法肯定自己說了什麼，因爲我總是猜不到自己說的話在他那兒掀起了什麼波瀾。難以言喻、神祕莫測，卻又幸福洋溢，我不知怎樣描述那時翻湧的情感，只能聆聽來自於自己卻又不屬於自己的樂音。最後總是和諧，總是達到狂喜。」

這種事對女孩而言很悲慘，但對男人其實更是嚴重——我之所以敢下這評語，是因爲每當我想起這件事情，內心就會跟著焦躁不已，幾乎也被捲入撲朔迷離中，時時刻刻對自身投射出來的那抹影子感到畏懼。儘管我一直想抽身，結果卻像是一縷糾纏的冤魂，一個開不了口的控訴者。太奇怪了！原本這件事情是他最大的祕密，如今我透過不當的方式得知此事，反倒成了更大的祕密。要我忘記著實不可能，甚至還曾經起了與他開誠布公的念頭。不過這恐怕一點意義也沒有，他大可否認一切，宣稱所謂的日記只是文藝創作，又或者要求我保持緘默，而我也沒有立場拒絕，畢竟是我自己先侵犯了他的隱私。這個祕密充滿太多誘惑、太多紛擾。

我從寇迪莉婭那裡取得他們雙方的魚雁往返。是否完整無法肯定，有一回她似乎暗示手上還扣著幾封信。我將信件內容穿插在抄寫來的日記故事中，但問題在於信上沒有日期，不過就算註明日期也未必有什麼幫助，因爲日記內容越來越零散，後來也幾乎沒有標示時間，彷彿那段關係昇華了，內涵比起時間和空間的精準更有意義。幸好我從信裡圈出一些起初無法理解的詞彙，因爲後來我察覺那些字詞與日記主題環環相扣，於是便將信件置入主題出現的段落。倘若沒有這些線索，我很可能就會誤判。排列之後我才意識到，他們之間的往來有時頻繁至極，一天就有好幾封。主觀上我原本會將信件平均分配到日記裡，但若照那樣編排，就無法體會他手法之繁複，以及如何將激烈的情感化做枷鎖，達到禁錮寇迪莉婭的目的。

日記除了記錄他與寇迪莉婭的關係，還有幾篇隨筆，內容與寇迪莉婭無關，但清楚呈現出作者的部分思維，比方說他以前時常提起但我始終未眞正理解的一句話：「人應該多留一線。」假如能找到之前的日記，大概也會看見很多類似的文字。他在頁邊留下另一句話：「行動時保持距離。」另外，他還指出寇迪莉婭占據他太多的生活空間，讓他無暇顧及其他層面。

拋棄了寇迪莉婭之後，他收到幾封女方寄來的信，但是沒有打開就退回了。這些信件寇迪莉婭親手開封後交給我抄寫。她沒有再提過那些內容，倒是談到約翰尼斯時，她曾經唸了一首詩，據我所知是歌德所做，這首詩對她的意義似乎隨著心情而有所不同：

去吧，*Gehe*
藐視忠貞，*Verschmähe Die Treue*
悔恨隨之而來。*Die Reue Kommt nach.*

她的信件內容如下：

約翰尼斯：

我不會稱呼你爲「我的約翰尼斯」，因爲我很明白你從未屬於我，甚至我爲曾如此誤解而深深自責。但其實我依舊有資格稱你爲「我的」：誘惑我的人、欺騙我的人、傷害我的人、殺了過去的我的人，我的悲慘的源頭，我的快樂的墳墓，我的憂鬱的深淵。我說你是「我的」，而我也是「你的」。曾經這樣的措辭使你愉悅，驕傲地接受我的愛慕。但現在你聽了，恐怕覺得是永恆的詛咒吧。你不必擔心我會死纏爛打，或是拿刀架著你，那麼做只會被你奚落！你儘管逃吧，無論逃到天涯海角，我都還是你的。你儘管愛上別人，就算多了一百個別人，我還是你的。直到臨終前，我都是你的。單看我寫下這些句子，就清楚說明了：我是你的。你厚顏無恥地欺騙了這樣一個女人，成為我的一切，而我淪為奴隸還沾沾自喜。我是你的、你的、你的。你揮之不去的詛咒。

你的寇迪莉婭

約翰尼斯：

曾經有一個富人，家裡養了許多牲畜。另外有個窮苦少女，財產只有一頭綿羊，還必須親自餵養。你是那富人，擁有世間一切美好；我則是那少女，擁有的僅是一份愛。你奪走我的心，還志得意滿；你受到慾望呼喚時，就犧牲了我的愛，只因你不願犧牲自己。曾經有個富人，擁有許多許多的牲畜。還有一個可憐的女孩，擁有的只是一份愛。

你的寇迪莉婭

約翰尼斯：

完全沒有希望了，是嗎？你的愛火不可能重燃？你曾經愛過我，我知道的，即使我並不確定自己爲什麼確定。我會等，無論需要多長的時間。我會等到你厭倦自己愛上其他人，屆時你對我的愛將死灰復燃，而我也如同往昔那樣愛你、感謝你。一切都能回到從前啊，約翰尼斯！難道說，你現在的鐵石心腸才是本性？以前那麼豐沛的愛則是虛假，是謊言，此時此刻的你露出了眞面目？對我的愛有耐性一些，原諒我依舊愛你。我知道對你而言這是負擔，但總有一天你會回到寇迪莉婭身邊。你的寇迪莉婭！聽聽我的哀求，我是你的寇迪莉婭。

你的寇迪莉婭

若以樂器比喻，寇迪莉婭的音域不如約翰尼斯那般寬廣，但仍有漂亮的音色，以書信展現情感時力道十足，只是略嫌不夠清澈。第二封信尤其明顯，讀者只能猜測，無法確知她的本意。不過在我眼裡，這些小瑕疵反倒顯得特別動人。

Diary

四月四日

小心啊，小心，陌生的美麗小姑娘！下馬車可不是那麼簡單，有時至關緊要。我可以借妳一本蒂克的小說，故事是關於一位小姐因為下馬的動作弄得自己不知如何是好，最後改變了整個人生。[2]事實上，馬車的階梯設計如此粗糙，彷彿要強迫女性放棄優雅身段，一股腦兒栽進車伕或僕役的懷裡，可眞是便宜了他們！我不禁想找個有年輕姑娘的人家應徵做下人，方便知道女孩子有什麼祕密。

不過，老天啊，請妳別跳。天色已晚，我不敢驚擾，就只是站在街燈下，妳看不見的地方。不知道自己被看著，妳就不會覺得困窘，而看不見別人，自然就不知道自己被看著。所以別顧忌，別擔心傭人是否能牢牢接住妳，也別煩惱一身綾羅綢緞會不會撕裂，更別考慮我。讓那隻我欣賞已久的迷人小腳跨出去，踏踏這世界，將身體的重量放上去試試看，想必會有適合落腳之處。倘若妳有一時半刻畏懼顫抖，懷疑會踩空，或者再怎麼腳踏實地都覺得不安穩，那麼另一隻腳可以趕緊跟上。有誰會如此殘酷，願意看著妳懸在半空？見著這樣的美女，任誰都不會棄之不顧。也許妳擔心有外人？不是僕人，自然也不是我才對，因爲看見那隻纖纖玉腿，對我已經足夠。我是研究自然科學的人，從居維葉先生[3]那兒學會見微知著。所以請妳趕緊下來！儘管那份焦慮會增添妳的美貌，但焦慮本身並不美好，除非人能展現出與其對抗的力量。看！妳這一步多麼穩當。我注意到腳掌纖細的女孩，步伐時常比大腳的人還穩健。

但誰會想到這種結果呢？根本違反經驗法則：慢慢走下馬車其實比起直接跳下去還要容易扯壞衣服。然而若說女孩子乘馬車不安全，難道要一輩子留在車廂裡嗎？蕾絲或飾邊壞了便壞了，反正不會有人看見。即使有道朦朧的身影悄悄經過，一身斗篷只露出雙眼，那又如何？街燈的光線打在妳眼上，妳不可能看見這人靠近。妳走進前門，他正好經過，恰巧視線飄向妳。妳臉紅了，胸口一緊、喘不過氣，接著眼神帶著惱火，一種高傲的鄙視，同時傳達出請求，如同眼角的一滴淚。兩者一樣美好，我都樂於接受，因爲我活該受鄙視，也值得妳落淚。

---

2 譯按：指路德維希・蒂克（Johann Ludwig Tieck）的一篇故事〈Die wilde Engländerin〉，內容為英國一位女士因故排斥婚姻，卻在和友人爭執時下馬過快，扯破衣服導致場面尷尬。她躲在房間一星期，終於意識到自己其實愛上了這位朋友。

3 譯按：居維葉（Georges Léopold Cuvier），知名的博物學家、動物學家，建立了比較解剖學和古生物學。

是我唐突了。這是幾號房子？我看見什麼呢？許多奇特的小玩意兒。美麗的陌生人啊，雖然我的行徑看來無恥，但其實我只是跟隨著光……她已經忘記方才的一切。呵，才十七歲大，花樣年華的女孩，店裡大大小小的東西都爲她帶來喜悅，各種不快煙消雲散。於是乎她根本沒注意到我，這個站在櫃檯彼端的孤獨男人。對面牆上有面鏡子，女孩不看它，它卻看著女孩。鏡子忠實地捕捉了她的容貌，就像謙卑的奴僕力展忠誠，然而她是奴僕的珍寶，奴僕對她而言卻什麼也不是。奴僕接住她，卻留不住她；悲哀的鏡子亦然，抓住她的影像，卻得不到她的人，甚至沒辦法收藏她的倩影，只能開放給世人欣賞。於是現在我望著鏡中人。若是人們落入了鏡子的處境必定萬分煎熬：必須攤開來給大家看才叫做擁有，只有虛幻而非實質，一旦接觸實質就代表失去，如同女孩若對著鏡子傾訴心事，呼出的氣息就會模糊鏡面。

假如一個人看見了美好的景象，卻無法將它留在心底，往後只怕要對美麗的事物保持距離。因爲靠得太近，擁入懷中，眼睛反而看不見那份美；必須隔著一段距離，才能看得仔細。所幸人有靈魂，能將美景烙印心中，即使嘴唇貼著嘴唇什麼也看不見的時候，還是想得起來……她好美！鏡子眞是可憐，還好它不懂何謂嫉妒。

她有張完美的鵝蛋臉，微微前傾，額頭的線條變得更加立體，看起來並非聰慧過人，而是純潔傲然。黑色秀髮輕輕環著她的臉蛋。她就像一顆水果，任何角度看過去都圓潤嬌嫩，皮膚吹彈可破，觸感如鵝絨光滑——這一點光憑眼睛我也可以感受得到。而她的眼睛，唔，我根本沒機會瞧見，因爲它們始終藏在眼瞼的流蘇下，那流蘇彎如鉤，與她目光交會實在危險。即使她看上去如同聖母般圍繞著一圈純潔光暈，但她並未思索上帝出了神。她的臉部表情豐富多變，她傾心於世界的多彩多姿。她摘下手套，露出右手給鏡子看見，也給我看見。那隻手恍若古希臘雕像，白淨勻稱，沒有多餘裝飾，就連無名指上也沒有套著金戒指。太好了！她終於抬起頭，我眼前的景色驟變卻又不變：她的額頭沒那麼高、臉型不若方才圓潤，但多了一股活力。她和店員開心地說著話，神情充滿朝氣，她已經挑了兩三樣東西，接著又拿起第四樣，握在掌上又低下頭，問起價錢，擱在旁邊，壓在手套下。看來買這東西是個祕密，或許是要送給心上人？但她沒有訂婚。也罷，沒有訂婚不代表沒有心上人，訂了婚也不代表對方就在心上……

我該不該放棄？該不該打擾她的幸福？她想要付款時發現錢包不在身上，看來要給地址了。我不想聽，我不想剝奪自己的驚喜。我一定還會在什麼地方遇見她，而且一定會認得她。當然，她說不定也會認出我，我斜眼偷看的神情不容易忘記才對。等到我在預料之外的地方見到她而欣喜若狂時，或許就輪到她偷看我了。假使她沒能認出我，假使她的眼神沒有立刻透露出對我的記憶，那麼我又可以悄悄地在一旁注視，那麼她必然就會想起來了。莫急、莫貪心，細細品嘗；選上了，就絕對會得到。

四月五日

晚上妳一個人在東大街散步，這一點令我欣賞。我看見僕人跟在妳後頭。別把我想得那麼惡劣，我怎麼會認為妳是浪蕩女，也別以為我沒見識，無法立刻察覺後面戒備著的身影。但妳為何匆匆忙忙？妳看來有些不安，心跳想必加速了，卻不是因為急著回家，反而是緊張、興奮，甜美的滋味流竄全身，化為妳雙腳的輕快節奏。一個人出門，即使帶著僕人，依舊是不可思議的體驗……因為妳才十六歲，因為妳讀過很多書，很多小說。妳經過哥哥們的房間，聽他們聊起朋友與外頭世界，其中一個場景就是東大街。妳不斷刻意經過他們的房門口，想要偷聽更多，卻一無所獲。妳覺得自己長大了，應該多理解這個世界，帶著僕人自己出門看看不為過才是。

是啊，聽起來很美好——但我父母一定會皺起眉頭，屆時我有什麼理由可說：參加宴會？不可能，時間太早，聽奧古斯特說那是九點或十點的事情。晚宴後回家的路上又真的太晚了，通常也有男士自願護送。週四傍晚離開戲院時本來是個好機會，不過我得搭車，還要順道送唐森太太和她那幾位表妹回去。要是可以一個人搭車就好了，只要打開窗子就可以看看外頭是什麼光景。不過人生總有出乎意料的事。今天媽媽說了：「我想妳還沒縫好要給爸爸的生日禮物吧，假如妳想要專心做，可以過去潔緹阿姨那兒待到晚上，我再叫詹斯過去接妳。」這其實不是好消息，因為阿姨那邊無聊得很，但好處是九點以後，在僕人陪同下，我可以自己走路回家。等詹斯過來，要他等到九點十五分再出發就行了。麻煩的是，可能會在東大街遇見哥哥或奧古斯特，除了不好解釋，也可能被他們帶回家。謝了，但我想自在些，其實是自由些。最好可以先看見他們，別被發現……

唔，年輕姑娘，妳看見什麼了？妳想我看見什麼了？首先，那頂小帽很適合妳，與妳匆匆的神色相當匹配。既不是一般帽子，也不是無邊女帽，看起來像是頭巾，想必妳早上出門時戴的不是這玩意兒。僕人帶去的？還是從阿姨那裡借來的？既然妳想四處看看，又何必緊緊圍著紗巾？難道那根本不是面紗，只是一條寬蕾絲？太暗了，我無法分辨。總而言之，妳的上半張臉蛋不見了，露出漂亮的下巴，稍嫌尖了些。妳的嘴不大，快步行走時微微張開，一口皓齒潔白如雪。理所當然。牙齒重要極了，是隱藏在誘人柔唇後的護衛。妳的臉頰散發青春光彩，要是稍微抬起頭，光芒說不定會從面紗還是蕾絲後面射出來。小心！面紗底下的一眼，比起正對面的一眼還要銳利，利得好比刀劍。世上有什麼東西比起眼睛更鋒利、更閃耀又更難躲避？妳做了個四分位防守[4]的假動作，接著瞬間突刺，這兩招連接得越迅速，威力就越凶猛。那是難以用言語描述的瞬間，對手彷彿真的皮開肉綻。事實上，他的確受了傷，只是傷口位置並非常人所想……女孩無畏地前進，毫無破綻。

小心！迎面有個男人走過來，趕快拉下面紗，免得被他猥瑣的視線玷汙了。妳不明白，必須花上很長一段時間才會忘記那股作嘔的感受。妳沒料到接下來的發展，但我看懂了：那男人注意到僕人是最接近的目標。這下子妳懂了獨自和僕人走在街上會有什麼後果。僕人跌在地上，場面可笑，但是妳能怎麼辦呢？回頭拉他起來嗎？感覺不妥。與渾身是泥巴的僕役同行太不自在，但一個人前進又太危險。妳要提高警覺，那禽獸步步逼近……

妳沒有回答，只是呆望著我。我的外表令妳害怕嗎？其實應該不會留下多大印象，我只是另一個世界來的善心人。我說的話不致驚動妳才對，既無涉妳所處的狀況，也沒有一丁點兒侵犯私人領域的意思。妳還錯愕著，那樣的無賴差點到了身邊，確實是很難忘記的體驗。然後妳對我有了一點好感，我很羞澀，連妳的眼睛也不敢正視，於是妳覺得自己占了優勢，安心了也開心了，差點想逗弄我。我敢打賭，假如妳眞有此意，甚至能鼓起勇氣攬住我的手臂……原來妳住在風暴街，妳草率冷淡地朝我屈膝致意。這麼對我妥當嗎？我剛剛幫了妳一把？而妳果然也回心轉意，又向我道謝並伸出手。可是爲什麼妳的臉色這麼蒼白？我的聲音、態度並沒有改變，我的眼神不是依舊鎭定？難道是因爲要與我握手的緣故？但握手能代表什麼呢？或許可以代表很多很多吧，年輕的姑娘。

4 譯按：擊劍（西洋劍）的招式名稱。

兩週內我會解釋一切，現下妳就姑且相信我是個好人，如騎士般解救了妳，牽起妳的手，心裡滿是溫柔和善意。

四月七日

「星期一，一點，展場見。」很好，我很榮幸將在十二點四十五分抵達展場，來個小小的邂逅。

週六我做了一個決定，前去拜訪時常周遊列國的朋友阿道夫．布倫先生。於是我在晚間七點鐘到了西大街，據說他就住在這裡。我上氣不接下氣地爬上四層樓，他居然不在。正要下樓時，我聽見柔細悅耳的女孩嗓音悄聲說：「星期一，一點，展場見。那時候其他人都出去了，但你也知道，我不敢在家裡和你見面。」邀約對象不是我，而是另一個年輕男子，他轉瞬間從我眼前閃過，別說我的腿跟不上，連眼睛都追不到。怎麼這裡的樓梯間沒有燈火呢？我不好判斷值不值得準時赴約；但話說回來，若是裝了燈，我可能什麼也聽不到了。現實就是理性[5]，而我依舊保持樂觀……

究竟是哪位小姐？就像安娜夫人[6]說的一樣：展場裡面擠滿女孩子。十二點四十五分，美麗的陌生人！妳等候的對象如我一樣總是守時？妳從不擔心他可能會提早十五分鐘到？無所謂，我配合妳……「山怪、妖精或女巫，除去妳們的雲霧。」[7]現身吧！說不定妳已經來了，只是尚未入我眼簾，請趕快露面，難不成要我主動上前。

說不定為同樣理由來這裡的女士有好幾位？難說。至於進來的男士們，一定是來看展的嗎？也很難說。有位年輕小姐穿過前廳，動作匆忙好像犯了什麼錯，連門票也忘記拿出來，所以被穿紅色制服的工作人員攔下。眞是慌張，看來就是她了。還不到一點鐘，何必如此著急？妳是來見心上人的，不是更應該給人留下好印象？純眞的少女赴約時總是有些瘋癲，緊張到了極點。至於我，正安坐在椅子上，看著田園風情畫好不自在……

5 譯按：出自黑格爾的哲學理論。
6 譯按：出自《唐璜》（*Don Juan*）。
7 譯按：北歐民俗傳奇的咒語。

那女孩像是惡魔的女兒般在各個房間奔竄。妳大可稍微掩飾自己心裡那把火，記住人家是怎麼告訴伊麗莎白小姐的：年輕女子這麼急著與男人廝混像話嗎？[8]當然，妳懷抱的是一顆純眞的心靈。約會總是戀人們最美好的一刻，我清楚記得自己第一次赴約的情況，那就像昨天才剛發生的一樣，我心中充滿前所未有的幸福感：第一次敲那扇門三下，第一次看見掩在門後的女孩悄悄推開門，第一次在夏日夜晚我拿起自己的披肩覆在女孩身上。但這種體驗參雜了許多幻想，旁觀者並不總是認爲戀人們看起來美妙迷人。我看過別人幽會，女的美、男的帥，他們想必沉醉其中，但在我看來整個過程叫人作嘔。其實隨著經驗增長，心裡那份青澀的渴望會萎縮，取而代之的是明白如何塑造眞正的美。我最討厭看見男人在此時竟因爲心慌意亂、情感過盛，而出現酒精戒斷[9]的症狀。農夫哪裡懂得品嚐小黃瓜沙拉？本來應該細細品味她的不安，還要點亮更深一層的美，使她發光發熱，但他自己卻先迷惘了，回家以後還沾沾自喜。

話說回來，那該死的男人究竟在哪裡？都已經快要兩點了，可眞是了不起啊！下流到這種地步，居然讓年輕小姐空等這麼久。換作是我，不就可靠多了嗎！她已經從我面前經過第五次了，是個好機會。「美麗的小姐，請恕我冒昧，您是在找家人吧，看您已經兜了好幾圈，而且總是在那個房間停下來。或許您不知道，更過去還有另一個房間，也許您要找的人在那裡。」女孩屈膝致謝，這動作很適合她。機不可失，眞慶幸那個男人沒來，渾水摸魚總是有些斬獲的：趁著年輕女孩心神不寧，平時不妥的言行或可冒險一試。

我朝她鞠躬示意，盡可能表現得彬彬有禮，然後回到座位上繼續欣賞田園山水，不過雙眼依舊跟著她。立刻跟過去著實不妥，若她覺得我侵犯了她的隱私便會起戒心。目前她應當覺得我同她說話是出於好心，對我印象不差，而且實際上我很清楚，那個房間裡空無一人。獨處一下對她比較好，身邊圍繞著人群心裡自然焦慮，獨自一人就能鎮定些。待時機成熟，我一派悠閒走進去，跟她多說句話也不爲過吧。她方才甚至沒與我打招呼。

女孩已經坐下來。眞可憐，她的表情好難過，從我這角度看過去似乎哭了，至少能肯定是眼泛淚光。太過分了，竟然氣哭一個女孩。不行，要冷靜，你可以爲她討公道

8 譯按：出自路維·郝爾拜（Ludvig Holberg）的作品 *Erasmus Montanus*。

9 譯按：*delirium tremens* 酒精戒斷反應包括心跳加速、發熱、瞳孔擴大等等。

的。我會爲妳平反，會叫他明白等待是什麼滋味。她冷靜了些，收斂複雜的神情，心痛與哀傷融合讓她顯得更加動人。她穿著外出服，本來這一趟追尋的是快樂，沒想到此刻變得如此諷刺：出門流浪的不是她，而是她的幸福。她的神情彷彿與愛人訣別。乾脆讓他走了也罷！這場面對我眞是再有利不過了，只要裝作毫無所悉，以爲她等的是親朋好友，再說出一些貼心話，字字句句打中她心坎，然後我就會鑽進她的思緒裡。

太可惡了，那個人竟然在這時快步跑進去。想必就是他。唉，慢了一步，千載難逢的好機會就要飛了。或許我可以利用這個局面，若無其事地接近他們。她看見我必定會會心一笑，她以爲我不知道這是幽會，殊不知全部被我看在眼裡。這一笑讓我們有了默契，好處多多。感激不盡啊，小姐，那個笑容的價值妳不會明白的。它是個開端，所謂萬事起頭難。我總算認識妳了，還是個如此巧妙的機緣，目前這樣已然足夠。妳在這兒頂多逗留一個多小時吧，換言之兩個小時內我會知道妳的身份——警方不就是爲了這種事情才調查戶口嗎？

四月九日

我盲了嗎？靈魂的眼睛失去視力了嗎？明明看見，卻像曇花一現，她的姿態竟從我記憶中二度消逝。我用盡全力想要憶起她的模樣，覺得若能再看見一次，即使她混在一百個人裡頭，我一定能夠毫不猶豫地認出來。然而如今我找不到她的蹤影，即使我的靈魂如此渴望，卻怎麼也喚不回。

走在長堤公園裡，我看似對周遭事物不理不睬，但其實沒錯過任何人事物——直到看見她。我的眼睛動不了，它們抗拒意志，沒辦法移開。我不是看著，而是瞪著她。彷佛劍客出劍之後身體卻突然僵硬，我的眼睛化爲石頭，只能望著同一個地方，想要低頭或者別過臉都辦不到，更糟糕的是也談不上看得明白。進入眼裡的東西太多了，以至於什麼也看不見；我能記得的，只有她身上一襲綠色斗篷。就好比朝茱諾[10]撲過去卻只摸到雲朵，或者約瑟與波提乏的妻子[11]，她輕而易舉從我眼前逃脫，留下的只有斗篷。女

10 譯按：即希臘神話的赫拉，故事參考前註1。
11 譯按：聖經故事，參見《創世記》39。

孩身旁跟著一位年長婦人，應該是她的母親。可笑的是，即便沒有正眼瞧過，頂多是匆匆一瞥，我卻可以將老婦人從頭到腳形容得一清二楚。現實令人無奈：印象深刻的女孩我什麼也記不住，沒有多大印象的人卻烙印在我腦海。

四月十一日

靈魂陷在同樣的矛盾裡。即使看見了她，卻又忘記那畫面，而且殘存的印象太過模糊。彷彿擔心我的安危般，靈魂急切地想要追回她的容貌，只不過無論如何就是辦不到。眞想挖下這雙眼睛，懲罰它們的無能。等暴躁褪去、冷靜一些以後，直覺和記憶開始拼湊，但還是無法構成明確的影像，支離破碎的片段組織不起來。好比精緻的刺繡，圖案比底布要淡的話就看不見。這種心理狀態非常怪異，不過其中有股趣味，透過這種感受我能確定自己還年輕。

我還年輕的另一項證據，是至今獵物只有女孩，沒有女人。女人不那麼自然、較爲輕佻，與她們的關係並非引人入勝的甜美，太過辛辣的口味要留在最後一道菜。我沒想過自己會再一次嘗到初戀的青澀，這份情感令我深深陷溺，簡直眞的沉入了水底。難怪我頭有些暈了。很好，我能從這段關係中挖掘出更多東西。

四月十四日

我快認不得自己了。思緒像波濤洶湧的大海，如果有人看得見我的靈魂，那會是一艘在風暴中朝著深淵衝去的船，但他看不見的是船桅上瞭望的身影。狂野和激情，你們儘管咆哮怒吼，縱使翻起滔天巨浪也無法淹沒我的腦袋——我依舊如同群山之王，安安穩穩地坐著。

但老實說，我很難坐得安穩。水鳥在這片心靈的汪洋上找不到立足之地，不過這狂亂是我的天性，就像翠鳥選擇築巢於海上。[12]

火雞看見紅色就豎起羽毛。現在的我，看見綠色就會激動起來。偏偏眼睛時常受騙，每當看見綠色斗篷就滿懷期待，結果只是弗雷德里克斯醫院的門房經過，於是一而再、再而三，內心空蕩蕩的。

四月二十日

知足才能常樂。雖然女孩占據我的心思和靈魂，短期內我也無法得知更多，只能繼續空虛惆悵。現在我需要冷靜。曖昧朦朧引發許多強烈的情緒，不過其中也有甜美滋味。我一向喜歡躺在小船上，享受澄澈的月光、靜謐的湖泊。於是我揚帆提槳、鬆開尾舵，整個身子倒下，仰望遼闊的星空。船身在湖水的懷抱中輕輕晃動，微風吹送雲朵，月亮隱沒，此刻我終於在不安之中尋得歸宿。湖波的節奏如同搖籃曲單調反覆，烏雲掠過、光影更迭，引領我徘徊在現實與夢境的交界處。我隨水蕩漾，卻沉入渴求和悸動的懷裡。它們越來越安靜、越來越柔軟，彷彿哄著孩子那般撫慰著我。

眼前夜幕無邊無際，幕上希望遍布。女孩模樣如月光清晰劃過，明亮得刺痛眼睛，又幽暗得捉摸不定。徜徉於漣漪、徜徉於內心，多麼寫意。

四月二十一日

一天一天過去，我依然沒有頭緒。年輕女孩仍舊動人，我卻無心欣賞，只是不斷追尋同樣的身影。有時我因而變得不可理喻，對身邊事物視若無睹，找不到樂趣。

美麗的季節即將來臨，社交場合從室內轉至戶外，想與女士們親近相較於冬季要容易許多，而她們雖然健忘，卻總是記得與男子的邂逅。的確，參與社交代表有了認識異

12 譯按：古時歐洲傳說翠鳥築巢於水上，實際上是該屬的幾種鳥類會在海上過冬及覓食。

性的機會，然而我不覺得這是個好的開始，因爲這類場合裡的女孩子都有所防備，很難深入，而且她們與人接觸過於頻繁，感受也就麻木了。反觀尋常街道上，女孩彷彿身處茫茫大海，一點風吹草動就能讓她們心裡湧起莫大騷動。對我來說，女孩在街角露出的笑靨，値得花上百來元，若只是在宴會上與她們牽個手，連十元都嫌多——兩者難以相提並論。但等到關係開始之後，在宴會裡與她暗通款曲、眉來眼去，則又意義不同，我認爲那是眞正的挑逗。女方不敢對外人提起，但又在心頭揮之不去；她擔心男人忘記自己，於是乖乖地被牽著鼻子走。今年我收集到這樣的關係不多，收穫也特別少。被那女孩占去太多心思了，不過換個角度想，或許她會是我最豪華的戰利品。

五月五日

可惡的偶然！我詛咒妳，不是因爲妳曾經到來，而是因爲妳不再回來。又或者，這處境是妳的新發明？妳太難捉摸了，虛無的萬物之母；必然誕生了自由，最終卻還是得回歸子宮。[13]可惡的偶然！做爲我唯一的知心，只有妳有資格成爲我的夥伴，我的敵手。妳總是相同卻又不同，也因此永遠無法爲人所瞭解，像個永恆的謎！我全心全意愛妳，以妳的形象雕塑自己，爲何妳仍舊不願意現身在我面前？我絕不哀求、絕不低聲下氣，因爲那樣的盲目崇拜也無法討得妳歡心。我必須向妳挑戰。妳爲何不露面？難道維持宇宙運行的轉輪停止了，妳這謎題終於得到解答，於是自身也墜入永恆之海嗎？太可怕了，這世界將變得多麼無趣啊！

可惡的偶然，我還在等待！我不願意藉由所謂的原則或者愚人口中的品德來征服妳。不，我要成爲妳的詩人！我不爲別人作詩。請妳來到我面前，進入我的詩句中，我願以詩爲糧。即使這樣也配不上妳嗎？古神殿裡有舞者爲神祇表演，而我願同樣服侍妳，我可以棄絕一切，衣不蔽體來到妳面前。我一無所有，沒有任何渴望；我一無所愛，因此無從失去。如此一來，我是否更有資格接近妳，因爲妳自古以來便不斷奪取世人所愛與所有，妳已對凡夫俗輩的汲汲營營忍無可忍。來吧，對我出招，我早就準備好

13 譯按：齊克果的思想中，永恆即必然，因此必然者就是永恆的表現。

了。無須賭注，唯一代價是彼此的榮譽。將她帶到我眼前，揭示那看似不可能的可能性，即使她身邊纏繞了彼岸的陰影，我也必定將她帶回。[14]縱使她恨我、看輕我、無視於我，或者愛上別人都無所謂。我不畏懼，儘管攪動池水[15]，打破沉默。若是餓死我，只顯得妳手段卑劣，絲毫未能彰顯妳自以爲的強大。

五月六日

春來了，萬物蓬勃，年輕女子亦然。她們卸下斗篷，而我朝思暮想的那件綠斗篷想必也被束之高閣。在街上偶遇的缺點在於：若是在社交場合，我便能夠立刻得知她的姓名、住處、有何親友、是否訂婚。對一般腦袋清楚且思想理性的追求者而言，最後那件事情尤其重要，他們絕不沾染名花有主的女子。但他們若身在我這處境，豈非痛苦莫名，倘若終於探得對方消息，卻發現人家訂了親，那實在太悲哀了。幸好我不怎麼在意，女孩有婚約也只是一齣鬧劇，不管鬧劇或悲劇都不值得惱怒，但冗長無趣的戲碼就另當別論。至今還沒有她的一丁點兒線索，我卻什麼手段都施展過了，也因此不時感受到詩人所說的：

長夜漫漫、風雨交織，前途仍舊殘酷，*Nox et hiems longaeque viae, saevique dolores*
所有苦痛集中在這小小營地。*Mollibus his castris, et labor omnis inest.*[16]

也許她來自別的城市，也許她來自別的國家。也許、也許，就算我對這麼多的也許感到憤怒，仍看見更多更多的也許。手邊的積蓄足夠我時常出門，但在劇場、音樂會、舞會或市集都找不到她的身影。換個角度來說，我是高興的：頻繁出沒這些場合的年輕女孩，其實也不值得我費心征服。她們缺乏獨特性，而獨特性之於我是個不可或缺的條

14 譯按：此指希臘神話中天琴座的故事。繆斯女神之子奧菲斯是極具才華的詩人和七弦琴手，妻子意外亡故後他前往冥界，得到冥王首肯讓他妻子重返人世，然而冥王要他在兩人回到人間之前不可回頭。他回到人世以後，因為擔心妻子而回頭，但妻子尚未走出冥界，於是又被神祕力量帶走而無法復活。

15 譯按：《約翰福音》5:2 的引喻。

16 譯按：引自奧維德（Publius Ovidius Naso）《愛的藝術》（*Ars Amatoria*）。

件。相比起來，在一群吉普賽姑娘中找到裴瑞秀莎[17]有何不可思議——那些年輕女孩壓根兒不明白，只要上了市集，自己就成爲待價而沽的商品！

五月十二日

孩子，妳爲何不乖乖站在門口呢？下雨的時候，女孩子在別人家門口躲雨沒什麼不妥。我自己沒帶雨傘時也會這麼做，甚至有時候明明帶了傘，還是會來躲雨，就像現在這樣。我也說得出好幾位有名的女士絲毫不介意這件事。鎭定些，背對大街，如此一來路人甚至沒辦法確定妳是在這兒避雨，還是準備要進門。反而是躲在半掩的門後顯得不體面。考量到後果的話，這麼做就更沒錯了，妳越是躲藏，被人找到時就越是尷尬。也罷，既然要躲，那就站穩，召來妳的守護靈，委身天使的眷顧，別三不五時偷看雨停了沒。眞想要確定的話，不如邁步出去，抬起頭認眞看看天空。鬼鬼祟祟、猶豫不決、緊張焦急地伸出脖子又連忙縮回去，那是小孩子很熟悉的動作，叫做捉迷藏。偏偏我是最愛玩遊戲的人了，見著這畫面就彷彿收到了邀約，怎麼能夠不動心？

別以為我對妳有什麼不軌的企圖，就像妳探頭也同樣沒有惡意，這是世界上最純眞的舉動。妳不必怕我，我的名聲也不容妳誣賴。更何況，這事情是妳起的頭。我建議妳別對任何人提起，畢竟妳才是有責任的一方。若由我提議，不外乎是所有紳士都會有的反應：我借妳一把傘吧。

那女孩去了哪兒？也太妙了，她居然躲在門房那裡！未免太可愛、太活潑也太單純了。「請問妳有看見剛才躲在門後探頭張望的那位小姐嗎？看來她需要一把傘呢。我，還有我的傘，正在找她。」妳聽了一笑。或許妳會要我明天派僕人過去取回雨傘，還是希望有輛馬車到妳家門口呢？不必謝我，這是應該的。有段時間沒見過這樣動人的女孩了，眼神既純眞又大膽，姿態活潑卻守禮儀，然而藏不住一顆好奇心。

回去小心，孩子，要不是為了那件綠斗篷，我或許會更靠近。她朝著市集大街走去，模樣天眞中充滿自信，而且絕不矯揉造作。她步履多麼輕盈啊，揚起頭來十分爽

17 譯按：烏爾夫（Pius Alexander Wolff）的劇作 *Precbsa*。

朗。不過那件綠斗篷逼著我克制自己。

五月十五日

感激妳，仁慈的偶然，請妳接受我最深的謝意！她落落大方，身旁卻圍繞著一股神祕氣息，宛如沉思的雲杉，新生的枝枒專心致志地從地底朝蒼穹射去，難以解釋，連它自己也無法理解，渾然天成又密不可分。若換作櫸樹，則像戴著王冠，王冠下的種種，透過群葉呢喃訴說。雲杉因爲沒有王冠，也就沒有故事，成爲一個謎——她也成了謎，隱藏於自身，卻又顯露於自身。她那份內斂的冷傲可與雲杉媲美，深根柢固卻又盎然矗立。不過她周圍籠罩著淡淡的哀愁，似是森鳩的啼泣，渴望極深，卻不知所求爲何。謎語的神祕之處，在於它是自己的解答，而非塵世諸國所謂的機密；除至極之美，還有何物能夠揭開謎底？太誘人、太芳醇了。丹麥語的「解謎」（at løse）便是這樣巧妙的字彙，多重含義的排列組合眞是一絕！只要捆著舌頭的絲線沒有解開，靈魂的寶藏就仍是未解之謎。年輕女孩亦是如此。

請接受我的感恩，仁慈的偶然！假使我在冬季遇見她，她身上大抵仍是那件綠色斗篷，而且天寒地凍、身子麻木，不免減損了她的幾分美貌。此刻遇見則是多麼幸運！第一次清楚地看見她，就在最美的季節：即將入夏，午後陽光如此和煦。當然冬天並非全無優點，舞會場地多半燈光優美，烘托身著禮服的女性姿態曼妙，只可惜在那種地方沒辦法欣賞到她的全部——有太多規矩，無論她遵守還是抵抗，都難以展現自我。再者，浮誇與虛榮只會引人不耐，反而折損了樂趣。有時候我也放不下宴會的奢華，尤其裡頭充斥年輕美女和許多人際遊戲的機會；但我還是對於可能性有著更美好的想像，最能捕捉我目光的並非特定類型的美，而是來自於整體感。那是所有女性的美好結合起來的形象，我所有舉措都是爲了追求那幅肉眼無法欣賞到的畫。

——

東門與北門之間的步道上，大約下午六點半，陽光逐漸黯淡，只有地平線上一抹微亮。大自然的呼吸更加自在，湖面平和如鏡，映照出周邊形狀溫暖的房舍，稍遠處則落入金屬一樣的黑。夕陽餘暉照耀步道與對面的建築，天空遼闊，只有盯著水面才容易瞧見悠閒飄蕩的浮雲，且不消片刻也消散無蹤。附近連一片葉子的聲音也沒有。是她，即使她身上沒披著綠色斗篷。我的眼睛沒說謊。縱然為此刻準備了許久，我卻無法壓抑那股騷動，一顆心上上下下的，好像雲雀的歌聲迴盪在原野。

她一個人。身上穿著什麼我記不得了，不過印象終於鮮明起來：她一個人，明顯出了神，專注在自己的心事，並非絞盡腦汁地在思考，而是一些念頭不斷轉動，交織出發自靈魂的渴望與多愁善感，是少女許多不可解的嘆息之一。

她正值最美的年紀，女孩的發育和男孩不同，幾乎可以說是先天與後天之分：男孩會成長，不過需要花上許多時間；女孩則是經過許久才能誕生，而生來即是如此。她們蘊藏無限豐盛，誕生時已然完整，只是所謂的誕生來得晚。一個女性會誕生兩次，第二次是成婚，或者更精確地說，是停止繼續誕生的瞬間——她重新誕生。米涅娃從朱比特的腦袋出來時就已經是個女神，維納斯從海沫中帶著所有的美善現身。每個年輕女孩都一樣，只要她們尚未經歷所謂的成長，就不會受到破壞。女孩的甦醒並非漸進的，而是一眨眼的事情；她們夢想那一刻很久很久，就怕被不明事理的人蠻不講理地搖醒。那個夢裡充滿了無限的豐盛。

女孩的注意力不向外，而是向內。她的內在有一片無邊的寧靜。年輕女子的豐盛正在於此，而擁抱這樣的豐盛則使其自身也豐盛了。她是豐盛的，即便她不知道自己擁有這麼多；她豐盛得如同一座寶庫。女孩散發出靜謐，帶著一點點的愁緒，看上去輕飄飄的，就好像神話中被精靈帶走的賽琪。[18]不對，也許她更輕，因爲女孩自己承載了自己。聖母升天這話題任由神學家繼續去爭辯眞僞，在我看來卻全然能夠想像，她僅僅是不再隸屬於這世界；年輕女孩的輕盈也足以對抗重力，那些學者同樣無法體會這一點。

女孩沒有注意到別人，也就以爲別人沒有注意到她，於是我隔著一段距離好好欣賞她。她走得緩慢，她的平靜或這片景色的安詳不受任何干擾。湖邊坐著一個男孩正在釣魚，女孩停下腳步凝視湖面及浮標。儘管走得不快，她還是稍稍熱了起來，於是解開披肩底下的小絲巾，恰好一陣涼風拂過雪一樣白又溫潤的酥胸。那男孩好像不喜歡給人看見自己在釣魚，回頭望向女孩時臉上有股冷漠。他的確模樣滑稽，怪不得她笑了出來。

18 譯按：神話中象徵靈魂的女神。

那笑容多麼青春，要是沒有旁人在，她說不定還敢跟那男孩打上一架。她的一雙眼睛大而晶亮，若是仔細觀察，彷彿有道淺淺的光芒正照耀一片無底深邃，難以穿透但純淨和煦，一抹淘氣隨著嘴角上揚而湧現。她的鼻梁弧度精緻，從側面望去與額頭幾乎連成一線，顯得短而俐落。

她往前走，我亦步亦趨。還好路上有些人，我假裝與他們講話，保持在女孩後面一定距離，儘管如此，也難免要放慢腳步配合她。她朝東門走去，我盤算著如何靠近而不被發現。角落有間屋子，躲在那裡或許不錯，正好那戶人家的主人我也認識，裝作路過拜訪就好。於是我加快腳步，像是完全沒注意到她似的從她身邊經過，在她前頭很遠的地方先與朋友寒暄，然後找了個靠窗的位置坐下。她慢慢接近，我在客廳裡一邊喝茶聊天、一邊向外張望，看她的步伐肯定沒有受過多少舞蹈訓練，然而她的姿態帶著傲氣，是種天生的嬌貴，可惜她自己沒有意識到這一點。在朋友家裡，我比預期中的還要多觀察到她幾眼，之後她便走遠了。我遠眺湖畔碼頭，沒想到她居然停在那兒。這時我才恍然大悟，或許她目前住在附近鄉間，和家人在別墅避暑。

我後悔進來朋友家作客的決定，擔心她若折返會從我視線逃離。當她走到碼頭底，我確實就要看不見了，沒想到她突如其來又現身，從我朋友家前面走過去。我只好匆匆抓起帽子拐杖，準備繼續尾隨，直到找出她的住處。慌亂之中，我撞到一位女士遞茶的手，她嚇得尖叫。我拿著帽子和拐杖，暗忖怎樣才能快速脫身，最好還能反過來利用這意外。於是我故作忘情地大叫：「眞是對不起，我應如該隱一樣自我放逐才是！」沒想到命運彷佛與我作對，主人聽見以後更堅持要我用過茶才能走，還要我給那位女士遞杯子做爲賠罪。看這氣氛，我若不答應的話，說不定他會強壓過來，所以我只好從命了。之後，果然失去了女孩的芳蹤。

五月十六日

戀愛如此美妙，明白自己戀愛了則饒富趣味。兩種境界並不相同，就像她二度從我眼前消失，我一方面忿忿不平，一方面卻又感到欣慰。那女孩在我心裡的形象介於眞實和理想之間，我終於能在腦海裡看見她了，然而正因爲無法確知那個印象是眞是幻，反而更加誘人。截至目前爲止，能夠肯定她和我居住在同一個城市，就已足夠平息我內心的浮躁。只要還有機會相見，我就能慢慢品嘗她的形影。我自覺受到上帝恩寵，否則怎會如此幸運，可以再度陷入愛戀。這種情緒光靠鑽研和技術絕對無法仿造，純粹是恩典。既然又有了悸動，我倒想看看能夠維持多久，於是便如同初戀般呵護備至。能夠重溫這種感受何其好運，所以更要小心珍惜，畢竟相較起來，遇見値得的女孩，比起誘惑她的過程更是刻骨銘心。

愛情充滿神祕，初戀的感受無論輕重都是解不開的謎。多數人會一頭栽進去，急急忙忙準備訂婚，甚或有更愚昧的舉動，於是轉瞬間結束了美好，連自己擁有什麼、失去什麼也來不及分辨。她二度現身、二度消失，代表必然會再露臉。約瑟爲法老解夢時也說過：「夢見了兩次，代表即將成眞。」[19]

預先知道自己的生活會受什麼力量左右，也算是件有趣的事情。那個女孩還過得平靜，尚未意識到我的存在，自然更不清楚我的內心轉變，以及我打定主意要走進她的未來。我的靈魂期待雙方在現實中有更多交集，這股渴望越來越強烈。一般來說，若女孩子給人的第一印象不鮮明，沒能撩撥埋在意識深處的理想，男人對於與她在現實中互動就不會那麼積極；反過來說，只要挑動了那個理想，無論男人經驗多麼老道，同樣會心慌意亂。

我通常會建議處在這種情況的人，要是不夠信任自己的手眼，懷疑沒有太大勝算，反而更要勇往直前，因爲那份焦慮會生出非凡的力量——那股衝動巧妙結合了對對方與對自己的愛。只可惜，前進了以後，又錯過了一種樂趣。若自身完全沉溺在那種關係裡，就無法從另一個角度好好欣賞它。兩種角度何者較美很難抉擇，但是何者有趣則高下立判，因此最好的方式，是盡可能接近中線。對我而言，這是最享受的做法，但別人是否有同感，我無法肯定。若只是占有，未免太過膚淺，爲了占有而採取種種手段，甚至涉及金錢、權位、暴力或藥物等等，更是低劣得無以復加。愛情若是缺了徹底的投入——至少來自其中一方——實在沒有意義。然而徹底的投入來自精神層次，一般戀人在這方面很匱乏。

19 譯按：聖經《創世記》41:32。

五月十九日

原來她叫寇迪莉婭！寇迪莉婭！多美的名字。名字當然很重要，若將各種好的形容詞與一個庸俗的名字擺在一塊兒，豈不突兀。我遠遠地就認出了她，寇迪莉婭的左邊有另外兩個女孩，從她們的步伐看得出來正要停下來。我躲在街角，假裝看著牆上海報，但視線一直逗留在她們身上。三個女孩朝不同方向走，另外兩人繼續前進，寇迪莉婭則往我接近。不過才走了幾步，另一個女孩又追過來大叫，聲音連我也聽得一清二楚：「寇迪莉婭！寇迪莉婭！」她和另一人又與寇迪莉婭會合，三人交頭接耳地說起悄悄話，我努力想聽見但不得其法。半晌後，她們嬌笑轉頭往之前那兩人的方向走過去。我跟在後面，看見她們進入河濱路上一間屋子，便在外頭等了等，暗忖寇迪莉婭可能會獨自出來，可惜事與願違。

寇迪莉婭！真美妙的名字。李爾王的第三個女兒也叫寇迪莉婭，一個不將心事掛在嘴邊，總是默默承受的好孩子。我的寇迪莉婭想必不輸給那個公主。但也許她會將心事掛在嘴上，以更加容易感受的形式表達——一個吻。她的雙唇多麼豐潤！如此美麗的唇眞是前所未見。

正因爲我想隱藏思緒，即使面對自己也不願意承認，於是我明白這就是戀愛。所有的愛情都是隱密的，即便不忠貞的愛也一樣，只要其中含有美就無法例外。於是，儘管還不知道她的住處，只得知她常常到訪的場所，我反而有點高興，說不定我可以因此更接近自己的目標，能在不引起注意的情況下好好觀察她，並利用這優勢打入她的家庭。就算途中受到阻撓——也罷！我仍會堅持下去。一切都出於愛，我的愛也出於愛。

五月二十日

今天我打聽到那戶人家的消息。屋主是位寡婦，有三個漂亮的女兒。直接登門拜訪應該能探聽出更多，當然前提是她們眞的知道些什麼。而且面對面的時候有個難題，就是如何從三次方程式中過濾出訊息：她們喜歡三個人同時說話！

女孩的全名是寇迪莉婭・瓦爾。海軍軍官之女，父母雙亡多年。父親性情嚴格，目前同住的姑姑也是類似脾氣，除此之外則是個頗爲體面的婦人。至此一切順利，可是接下來這三姊妹就沒什麼可以告訴我了。她們從沒去過寇迪莉婭家，倒是寇迪莉婭常常來訪，因爲她和昨天看見的兩人都在皇家餐廳學習烹飪。她多半午後過來，偶爾早上到，晚上就不可能了，家教很嚴。

探到的就這麼多，沒能夠與寇迪莉婭的家庭搭上線。

我瞭解到寇迪莉婭已經體驗過人生的苦澀和黑暗，這一點出乎我的預料，不過事情在她童年時就已經發生，說不定她並未意識到自己是在特殊的環境下長大。然而在我看來，這是美事一樁：種種遭遇保全了她的女性之美不受扭曲。同時我體會到另一點，也就是適當引導與提升她的層次有多麼重要。原來那份冷傲不是偶然，是生存的必然，可喜的是，寇迪莉婭沒有被壓垮。

五月二十一日

她住在城牆附近。不是好地點。那一帶我沒有認識的朋友，也缺乏能夠躲起來偷看她的公共場所。到城牆頂上不妥，很容易被注意到；走在底下也不好，牆下可不是人走的，貼著房舍那頭則什麼都看不見。她的住處偏僻，周邊沒有其他人家，還好從街上可以望見幾扇窗戶，裡頭應該有她的臥室。

五月二十二日

今天第一次在詹森太太家裡見到她。有人介紹，但她看起來不怎麼注意我，我也順勢保持距離，以便更仔細地觀察。寇迪莉婭只待了一會兒，她只是過來找那對姊妹一起去上課。詹森姊妹去更衣，於是客廳裡剩下我們兩個人，氣氛冷淡疏離。我講了幾句無關痛癢的話，她也只是禮貌回應，隨後便離去。當然我可以主動護送，不過那代表我只是個普通的追求者，而我早已決定不用這種方式贏得她的芳心。反之，她們一走，我也告退，以更快的腳程沿著另一條路線往皇家餐廳繞過去。當她們走到了市集大街上，我如同一陣狂風掠過她們身旁，沒有向她們打招呼，讓她們大吃一驚。

五月二十三日

我必須設法進入她家，爲此我像軍人一樣枕戈待旦。不過這個任務恐怕冗長艱難，我從未見過與世隔絕至這般地步的人家，家中只有她與姑姑，沒有別的手足或表親，於是我也沒有任何或遠或近的關係可以攀附，只能繼續空著手前進。

事到如今，我說什麼也不會用這隻手攬著另一個人。這隻手得像根鉤子，而且得隨時準備好，一旦遠方出現機會或可以幫忙的朋友，就要立刻鉤住。此外，我認爲她與姑姑遺世孤立實在不妥，女孩會失去學習世間種種的機會，也有可能造成許多負面的影響，這一點值得留意。婚約也是類似的道理。與外人往來少，就不容易遭小偷，若家裡來往的人多，掉東西也就不足爲奇；但是一個過客很多的女孩子還有什麼值得竊取的，才十六歲心裡就塞滿男人，我可懶得在那麼擁擠的空間簽名，就好像我從不在窗台、酒館牆壁、樹幹或公園椅子上簽名留念。

五月二十七日

越觀察越覺得她太過孤僻了。男人不應如此，因爲成熟來自省察，而省察來自與他人的互動。相對來說，女孩子不應專注於取悅他人，因爲取悅他人的過程其實是在給出部分的自我，好比有韻味的藝術會反應出創作者的人格；更不消說年輕女孩看似取悅他人，她們眞正的目的常是取悅自己。這就是爲何美學反對矯揉造作。但如果矯揉造作是個誤解，其言其行確實出自天性，那又另當別論。比方說女性的嬌羞，就算認爲是種做作也美不勝收。能取悅別人的女子時常放棄了天性，而她們取悅的對象也同樣失去眞正的男子氣概。這類女子一開始就在關係中取悅男性。由於女性身體較爲柔弱，年輕時反而應與男性保持距離、忍受獨處。但獨處是種假象，也是上天賜給女性、國王賜給公主的寶貴嫁妝。而就因爲寇迪莉婭仍停留在這種假象裡，所以才過著孤僻的生活。

我時常思索，最折損年輕女孩的是什麼？我想莫過於與同年紀的同性朋友廝混。壞處不外乎是混淆自身定位：成群結黨，獨身假象被破壞了，朝著錯誤的方向前進。女性的根本依舊在於成爲男性的伴侶。[20]與同性交際太多，學會的只是如何成爲她們的伴侶。人類的語言針對這一點也傳達了明確訊息：稱呼男人是「主」[21]，但女性並非「僕」，可見得就本質而言，女性是伴侶，而不是下人。

我的理想女性形象是能安於孤獨，無須與其他女性過分往來。雖說神話裡象徵女性美慧的女神不只一位而是三位[22]，應當也無人想像她們會東家長、西家短，閒扯個沒完沒了，反而是透過沉靜的三位一體顯現出女性獨有的美感。從這個角度來說，我倡議要女孩待在閨房裡，只要小心拿捏就不會適得其反。年輕女孩該享有自由，但不可給予過多機會，如此一來既可保住她們的美，又可避免她們過度討好男性。假如女孩已經有太多同性朋友，就算戴上面紗，甚至披上婚紗也毫無意義。所幸看在具備足夠審美能力的人眼裡，一個保有純眞的女孩就如同藏在輕紗底下，是否眞的披上倒無關緊要。

寇迪莉婭的成長過程歷經艱苦，這一點要感激她父母的犧牲；而她能避世脫俗，則是姑姑的功勞。這個女孩還沒有受到凡塵汙染與花花世界的迷惑。她的傲氣高，不屑其他女孩那些小小愉悅。這好極了，我知道怎樣發掘她的眞心。或許寇迪莉婭對一般女孩喜歡的東西沒太大興趣，但是她好辯，因爲她有一顆爛漫的心，加上還處於幻想中。這樣的女孩倘若給不對的人帶走了，可能會培育出許多違反女性之美的氣質，不過原因正是她保有太多的女人天性可以開發。

20 譯按：引述聖經《創世記》男女有別的概念。

21 譯按：此處指歐美語言中 master（及其對應語）通常有「先生」和「主人」兩種用法。此概念和比喻因為文化不同所以無法完整對應於中文，好比「奴」、「婢」之類字詞確實為女字旁。

22 譯按：指 The Three Graces。

五月三十日

我們無處不相逢，今天就見到了三次。我知道她的每個行程，掌握了何時何地可以與她相遇，但是我並沒有利用這些情報眞的與她碰面。相反地，我揮霍大好機會。要是為了巧遇必須費上好幾個小時，那麼不如不遇，所以我沒有刻意接近，只是在她的生活周遭出沒。即使我得知她會前往詹森太太家，除非有什麼重要的事情必須近距離觀察，否則我不會趕過去。通常我會提早一些去拜訪，可以的話和她在門口、在樓梯上擦肩而過，臉上總是一派漠然。這是要她踏進的第一張網。

在街上，我不攔下她，頂多遠遠與她打招呼，非但不走近還總是保持距離。理論上經過不斷偶遇，她應當已經察覺生活起了一種巨大轉變，但仍無法理解背後是什麼原理在運作，所以她會好奇又不安。漸漸地，她東張西望、左顧右盼，想要找出這一切的緣由，卻始終無法意識到世界以她為中心，圍繞著她轉動。如同她身邊的其他人，寇迪莉婭以為我總是忙著工作、行色匆匆，而實際上我如同費加洛[23]：一件、兩件、三件、四件，總是有許多計畫。這是我的樂趣所在。

在我發動攻勢之前，必須先與她熟識，完整瞭解她的心理狀態。很多人享受女孩的美就像啜飲香檳，趁著還冒泡時一口喝下。喔，沒錯，那一刻很美好，多數女孩能提供的也不過如此，不過總是有少數例外。若一個人的心靈脆弱，不足以承受清澈明晰，那麼只好停留在曖昧不明的階段。但在我看來，寇迪莉婭可以承受。從這份愛戀之中萃取出越多犧牲奉獻，樂趣就越多。太短暫的享受和強暴沒兩樣，就算並非肉體上而是心靈上，總之強暴、強吻所得到的樂趣只是憑空想像。所以應該指引女孩以自由意志獻身，使她們感覺找到了自己的幸福，即使不受強迫也主動乞求——這才是真正的樂趣，不過需要高明的技巧。

寇迪莉婭！的的確確是個好名字！我坐在家裡反反覆覆如鸚鵡般自言自語。我說：寇迪莉婭、寇迪莉婭、我的寇迪莉婭、妳是我的寇迪莉婭。我想像到了某個關鍵時刻，我真要說出這樣一串話，我的嘴角禁不住上揚。事前的準備和安排很重要。詩人描述戀情最美的一刻（當然，有些人從未抵達）不會以灑水來形容，他們總是說浸入，就像泡在海水裡，等到起身時，過去的自己已經被洗刷乾淨，互望時則意會到彼此相識已久，

23 譯按：引莫札特的作品《費加洛的婚禮》（*Le Nozze di Figaro*）。

儘管現實中兩人相逢可能只在片刻前。對年輕女孩而言，這是最感動的瞬間，可是想要深刻感受，則需要仰賴更高的層次——單純接受洗禮還不夠，應當主動成爲施洗者。接下來的發展之所以有趣，是因爲即將出現的反諷：精神上，長袍該褪下了。懂得詩意的人明白不可打亂儀式，所以將竊喜藏了起來。

六月二日

我很久以前就注意到她那份冷傲。與詹森三姊妹相處時她話也不多，嘴角那抹很淺的笑意看得出厭煩。我相信我猜的沒錯。不過偶爾她又天眞狂野得像個男孩兒，連詹森家的人都覺得訝異。根據她的童年分析就不會覺得奇怪，寇迪莉婭有個比她大一歲的哥哥，她接觸到的就是父兄二人，再加上身世際遇充滿波折，自然覺得平常人聊的事情很蠢很無趣。父母婚姻不美滿，於是她沒有透過家庭生活培養出一般女孩子的興趣和喜好，可以說她根本不明白平凡的女孩該是什麼樣貌。或許有些時候，她希望自己是男人。

寇迪莉婭想像力豐富、精神高亢熾熱——她具備所有要件，不過卻不自知。今天發生一件事情讓我更加確信此點。從詹森家那裡聽說她不會樂器，因爲姑姑不讓她學，這點使我頗爲懊惱，因爲音樂是與年輕女孩交流的最佳管道，當然過程中可不能嚴詞批評。走進詹森太太家的時候，我沒有先敲門，這種舉動雖然失禮卻時常可見奇效，而且我偶爾會故意敲敲敞開的大門來平衡形象。總之我正好瞧見寇迪莉婭一個人坐在鋼琴前面，似乎偷偷練習著。她彈的是一首瑞典小調，琴藝確實不怎麼樣，還越彈越激動，可是一會兒以後她克制自己，手法輕柔下來。我關上門，站在外面聆聽寇迪莉婭的心緒起伏，有時那股激情使我聯想到名爲梅特莉兒的少女[24]，每當她撥弄金色琴弦時乳房就湧出汁液。

寇迪莉婭的琴聲也一樣悲傷、激昂。我大可以把握這時機上前接近，但這麼做愚蠢至極。回憶不只是保存，還是延伸，一個感受若在記憶中繚繞不絕，就會有無窮韻味，

24 譯按：學者推測此處是指中世紀的丹麥民謠〈Herr Medelvold〉。

好比詩集裡夾著小花——小花被放進去那一刻本身極美，後來回想起又別有一番滋味。寇迪莉婭想要隱瞞自己會彈琴，或者她就只會這麼一首曲子，也許這曲子對她有特殊意義？目前不能肯定，但推敲起來，這件事情之於我的計畫有很大的意義。等到能夠與她深入對談時，我要領她一步步跌進我的陷阱裡。

六月三日

我還是打不定主意要以什麼方式深入瞭解寇迪莉婭，所以只能先安靜地躲在幕後，就像戰場上的偵查兵趴在地面，探聽敵人腳步所引起的震動。對她而言，我彷彿不存在，兩人之間的關係沒有好壞，根本是一片空白。但我不敢輕舉妄動，小說裡頭常寫道：愛她，就看著她。的確，愛情之中不存在辯證，可是我們眞能夠從小說裡頭學習到何謂愛情嗎？裡頭充斥的謊言只會減損愛情的壽命。

更瞭解她以後，對照初次相遇，寇迪莉婭在我心裡的印象已經有所轉變。對她是好的，對我也是好的。年輕女子像她那樣獨自行走，或者如此內斂，都屬罕見，即使以嚴格的標準評斷，也得說：她很迷人。雖說姣好的容貌轉瞬即逝，但我之前不知道她經歷坎坷，更難得的則是這些艱苦並沒有顯露於外表。

現在我想要明白她的內心世界。看她自由翱翔的模樣，想必沒有談過戀愛，也並非那種雖爲處子之身，卻能充分想像躺在愛人懷裡是什麼滋味的女孩。截至目前爲止，她在現實生活裡遇見的人尚不足以擾亂夢和眞實的界線，因此她的靈魂持續從理想中得到養分滋潤；不過她的理想並非牧羊女或者小說女主角，恐怕是類似聖女貞德的人物。

接下來的問題是，寇迪莉婭的女人天性是否強烈到讓她有所體悟，或者只能停留在美貌和迷人這種層次。也就是，她是否有勇氣將弓弦拉滿？尋求近在眼前的女性韻味固然美妙，願意冒險嘗試則更加有趣，而眼前最簡便的做法就是給馬上鞍、給少女帶來追求者。有些人覺得這樣會折損了年輕女孩，不過我認爲那是誤判。若女孩唯一的優點就是漂亮嬌嫩，那或許眞的別接觸愛情才好。但寇迪莉婭性情不同，這做法有益無害，所以我毫不猶豫爲她物色對象。

追求者也得有一定素質，否則就失去意義。他必須體面，最好也要迷人，但無法滿足她內心的澎湃熱情。最後她會看輕對方，厭惡愛情，明白命運和現實能夠給予的未來後，她會對自身本性感到猶豫迷惘，懷疑愛情不過爾爾、乏味至極，然後以自己卓絕的愛為傲。驕傲使她更令人著迷、色彩更加鮮豔，同時卻也將她推往深淵，這眞是趣上加趣。我就先從她原本認識的對象找起，或許早就有人對她展開追求；即使沒什麼人會去她家拜訪，但畢竟寇迪莉婭還是會外出，所以不無可能。確認這點之前不能貿然行事，兩個配不上她的追求者互相競爭只會帶來惡果。我得先確認是不是眞有這樣一個男人，想要得到她又沒有勇氣進她家門，好比偷雞賊找不到雞籠的縫隙。

總而言之，最高指導方針和整個計畫的重點始終不變，就是營造出有趣但看似無關緊要的互動場合。趣味是唯一訴求，必須發揮到極致。若我沒有弄錯，她是為此而生，所以我追求的正是她所能給予的，也是她所渴望的。明白一個人可以給予什麼、內心又期待什麼，是非常重要的。對我而言，感情關係十分眞實，是生命的一環，有時候還具備教育性，指引我學習其他技能。例如初戀的時候我學會跳舞，後來為了一位舞者我又學會法語。當時我還傻，在那個市場裡頭老是上當，現在我學聰明了，還沒開市就下訂才高明。

其實寇迪莉婭的趣味說不定在某些面向已經耗竭，她的深居簡出就呈現出這種跡象。我應當發掘其他層面，那些因爲她抗拒反而更有趣的元素。爲了達成這個目標，我需要的不是詩意，而是庸俗乏味；起初她的女人天性會被無聊話語和嘲弄給抵消，但又間接被我不帶情感的才智表現打開心房。她會忘記自己是個女人，並因此受不了孤獨，只能投向我的懷抱——但這時候她還未將我當成愛人。接著，只要撩撥那顆女性心靈，使她的情感達到巔峰，超越一切阻礙；屆時女性之美達到無比的高度，她會帶著全世界爲我所有。

六月五日

果然無須捨近求遠，寇迪莉婭有時會去批發商巴克斯特的家裡，而商人的兒子艾德華正好就暗戀著她。那太明顯了，眼睛沒瞎就瞧得出來。艾德華與父親一起經商，他長相不差，性格也好，雖說害羞了些，我想這無傷他在寇迪莉婭心中的形象。

可憐的艾德華！他壓根兒不懂如何追求心儀的女子。知道寇迪莉婭傍晚會過去，他就只是急急忙忙換上嶄新的黑色禮服和領結，確實是爲她而努力，可偏偏這麼打扮起來，就與大廳裡其他人格格不入，反倒顯得好笑。此外他扭捏到了不可思議的程度，倘若是僞裝的話，這艾德華可會是我棘手的情敵。要演出這麼彆扭的人可是需要莫大苦心，運用巧妙的話則可見奇效，我也曾經故作羞赧來欺騙小姐啊！女孩子表面上對於羞澀的男人不假辭色，但心裡多半喜歡，因爲這可以滿足她們的虛榮心，好像她們的地位比較高似的。她們最在乎的就是優越感。哄騙成功，等女孩以爲男人太過害羞、即將放棄時，又忽然表現出強烈的男子氣概，這巨大的落差會讓女孩子更覺得能夠依賴。羞赧的模樣能削弱男性氛圍，使女孩暫時忘卻性別隔閡，等女孩意識到是自己誤解了，內心會羞得不得了，再回想起以前那些逾越分際的言行，簡直是把大人當小孩看，只覺得尷尬到了極點。

六月七日

我和艾德華成為好朋友，是真誠而美妙的情誼，簡直超越了古希臘的黃金時代。自從聊了關於寇迪莉婭的事情以後，我們就變得更密切，他話匣子一開，不免說出自己的苦戀。艾德華確實可憐，單戀非常久了，每次見面就要盛裝，晚上還護送對方回家，但只要想像兩個人的手臂挽在一起，他就會心跳加速。路上他們一起看星星，到了以後他搖門鈴，然後寇迪莉婭便消失在門後，艾德華的心情則沉到谷底。當然，下次見面時，他又重燃希望。直到目前為止，即使有那麼多次機會，他始終沒有勇氣踏進寇迪莉婭家門。我雖然心裡竊笑，卻覺得他這種孩子氣實在可愛。雖說我在這方面經驗豐富，但可還真沒有注意到自己有過他那種狀態：因為迷戀而焦慮、顫抖，完全無法鎮定。我不是沒有情緒，但那些感受只會讓我更堅強。也許有人會據此認定我沒有真正戀愛過；說不定事實真是如此。

總之，最後我還是按照計畫進行，要艾德華信任我，在明天踏出關鍵的一步，也就是親自向寇迪莉婭提出邀約；甚至我還說服他讓我一塊兒去。在艾德華看來，這代表我們之間友誼深厚。對我而言，則是一切都在掌握中，只待屆時意外現身。若寇迪莉婭已經察覺到我不斷出現，想必我的現身會讓她更加摸不著頭緒。

以往我沒有預演對話內容的習慣，但為了取悅她姑姑，我不得不為。換言之，我可是很有義氣地出面為艾德華做掩護。由於她姑姑以前住在鄉間，我特別搜集這方面資料；而經歷這場對談，我也長了不少見識，算是意外的收穫。

應付姑姑這部分相當成功，她對我的印象是穩定可靠、性情溫和，不像時下那些毛頭小子。但是寇迪莉婭好像沒那麼欣賞我；那種天真的女孩脾氣，自然期待所有男人都讓她、哄她，而她在我身上看到太多叛逆。

我們都坐在客廳裡，她像天使一樣散播美好幸福在所有人事物上，我偶爾覺得快要失去耐性，想從暗處衝出去——雖然我人在客廳，卻好比躲在暗處窺伺。我真想牽起她的手、擁她入懷，將她好好藏起來，免得被別人奪走。與艾德華離去時，她出來送客，禮貌性朝我伸出手，我真不願意放開，免得鳥兒就這麼飛走。但我還是得沉住氣，有句話說：「過去的衝動成就現在的科學。」[25]我必須以另一種方式將她拉入這張網，愛戀的花火必須轉瞬即逝，過早進入肢體調情反而會破壞美好的一刻。妳該感謝我啊，寇迪莉婭。正因爲我願意朝反方向施力，將愛的弓弦越拉越緊，傷痕才能深刻難忘。如同熟練的弓手，這會兒我稍微鬆開弦，欣賞那清脆聲響。那是我的戰歌。時機未至，不必急著架箭瞄準。

同樣一小群人、同樣一個小空間的頻繁聚會，每個成員自然而然有了固定的位置和領域，形成一幅隨時能在腦海重現的畫面。瓦爾家的情況也一樣，我們的互動模式如同一幅靜止的油畫。傍晚喝茶時，原本坐在沙發上的姑姑會起身走到縫紉小桌那裡，寇迪莉婭讓出位子給她，自己則走到沙發前的茶几那兒，艾德華會跟過去。而我呢，就待在姑姑旁邊。艾德華想要營造兩人世界，不過他太想壓低音量了，結果有時候根本沒人聽得見。至於我和姑姑的聊天可就沒什麼好顧忌了，話題有市集的物價、一磅奶油需要多少牛奶當原料、製作過程如何等等。年輕女孩聽這些很妥當，貼近現實又具有教育意義，能夠裨益頭腦與心靈。一般來說，我會故意背對著在茶几邊的艾德華與寇迪莉婭，

25 譯按：*quod antea fuit impetus, nunc ratio est*，引自奧維德《愛的藝術》。

彷彿他們談情說愛，我也和姑姑的有了忘年之戀。大自然就是如此奇妙，可以創造出奶油這樣的東西，多麼寶貴、多麼不可思議！而姑姑絕對聽不到艾德華和寇迪莉婭聊了些什麼——當然前提是他們眞的聊了什麼——我答應幫艾德華掩護，說到就會做到。不過我自己可是將他們那頭的一字一句、每個動靜都收入耳中。我不得不留意那邊的情況，因爲最愼重或最膽小的人有時也會忽然採取極端手段。雖然我一直沒有加入他們的對話，但仔細觀察寇迪莉婭之後，我可以肯定她意識到了：她與艾德華之間總是夾著一個我。

我們四個人湊在一起，那畫面還是有點突兀。若以比較爲人所知的方式來比喻，我是梅菲斯托費勒斯，但問題是艾德華稱不上是浮士德；若將我改爲浮士德的話，艾德華也沒有資格成爲梅菲斯托費勒斯。[26]此外，在他眼裡，我自然也不是個惡魔，反而是實現他愛情願望的精靈。就這一點來說，他沒有誤會，的確沒有人比我更細心地呵護他的戀情。承諾爲他支開姑姑以後，我可是盡心盡力執行任務，於是姑姑陷入農業討論的循環，心思根本不在眼前這世界。我和她進廚房、進地窖、進閣樓看那些雞鴨鵝，過程中寇迪莉婭漸漸不滿，只不過她終究不明白我意欲爲何。對她而言，我依舊神祕，但並非誘人破解的謎，只是一個惹人惱怒的麻煩。她直覺敏銳，意識到姑姑被我耍著玩，這樣一位值得敬重的女士不該得此待遇。然而我全力演出，寇迪莉婭也很清楚自己沒辦法介入，還會在我玩過頭的時候忍不住跟著竊笑起來。

都是不得已啊！但我並沒有與寇迪莉婭連成一氣，恰恰相反，就算她偷笑了，我依舊表現得眞誠、鎮定。即便如此，她斂不起笑意。這是給她的第一堂課：教她如何笑得諷刺，就算這笑不只針對我，也針對她自己的姑姑。寇迪莉婭不知怎樣看待我才好，有可能我只是少年老成，但也還有其他好多種可能。譏笑自己的姑姑她還是會覺得慚愧，所以我與姑姑聊到一半會故意回頭，朝她射出一道嚴肅的眼神，而她看了卻再度嘴角上揚。

我們之間不是互知互信與溫柔，更不是看對眼了彼此吸引，而是誤會造成的排斥與疏離。嚴格來說，我和她根本沒有建立任何關係，只是知道對方的存在。就年輕女孩的立場，通常這與不存在沒兩樣。可是我採取的策略有極其方便之處：一開始就風度翩翩、殷勤獻媚的話，其實會在女孩心裡埋下抗拒的種子。此刻我完全沒有那種後顧之

26 譯按：Mephistopheles，浮士德傳說中邪靈的名字。

憂，她不會對我有所警戒，只記得我為人可靠，在我身邊可以安心。當然缺點就是進度緩慢，所以只適合用在趣味夠多的目標上。

——

年輕女孩多麼令人振奮，不是早晨那種清新，不是微風那種惆悵，不是海的冰涼或酒的甘醇。那種香氣，世間無物足以相提並論。

我期待著她厭惡我的那天。我已經建立起徹頭徹尾的單身漢形象。我在言談間充分表現出自己過得悠哉悠哉，只要有個忠心的僕人服侍、加上可靠的朋友能夠相互扶持，就萬事足矣。接下來我要試著轉移姑姑的焦點，話題不停留在農業，聊聊那些光棍吧，言談之中自然會有更多唇槍舌劍；面對單身漢，有些人恥笑、有些人同情，但一個不笨的年輕男子以單身為樂，多半會惹惱年輕小姐，因為這冒犯了她的性別，以及與性別相關的各種美好和詩意。

日子一天一天過去，我見到她，卻沒有與她交談，只是一直在她面前和她姑姑說話。夜深人靜時我也想過不如一股腦兒傾訴愛意，最後仍只是披著斗篷、壓低帽子從她窗前走過。寇迪莉婭的臥室窗戶對著院子，但她們住在街角，所以從街上就能看得見。

偶爾她會佇立窗前，或者打開窗仰望星空。沒有誰會注意到她，只有那個她意想不到的男人。夜幕低垂，我像個遊魂在她住處外面徘徊，這時候我會忘記那些算計和繁複的步驟，理智拋到九霄雲外，胸膛裡只有深深嘆息，不知道這樣單調刻板的過程還要反覆多少回。一般人是白天正派、晚上墮落，我卻是白天壓抑自己、晚上被愛情淹沒。如果她能看見，如果她能望進我的靈魂——如果，只是如果。

若寇迪莉婭願意看清自己，會發現我才是適合她的對象。她的情感濃烈深刻，不可能在婚姻生活中得到幸福，平凡的男人也配不上她。只有投進我的懷裡，她才能從沉船中打撈起人生的樂趣。與我的關係，必定如同哲學家所說：進入新的境界。[27]

寇迪莉婭已經受不了艾德華的絮絮叨叨。一如往常，身懷趣味的人受到局限，反而會展現出更多趣味。有時候她的心思飄向我與姑姑的對話，我注意到的時候，彷彿地平線上一道強光照亮新世界；她與姑姑也能感覺到事情有所變化，可是姑姑只見電光，未

27 譯按：*zu Grunde gehn* 字面意義為「沉沒」、「凋零」等等，黑格爾曾使用這個詞彙，表示原本的存在褪去後進入了新的境界。

聞雷響，而寇迪莉婭聽見了聲音，卻還沒看見光。片刻之後回歸寧靜，姑姑和我正常閒談，如同夜裡驛馬的蹄聲伴隨著茶壺的低吟。有時客廳裡氣氛變得詭異，對於寇迪莉婭尤其如是，因爲她沒有可以傾訴或傾聽的對象；就算艾德華在她面前，她卻得擔心對方因爲害羞而有什麼古怪反應，但若加入我與姑姑之間原本單調、幾乎淪爲背景的對談，則只會突顯出艾德華的困窘。

看在寇迪莉婭眼中，一定覺得姑姑是不是著了魔，竟完全跟著我的步調走。此外，她想要介入我們的閒聊也很困難，一直以來我按照策略，面對面時把她當成小孩對待，不過我絕對不因此在言語肢體上有所逾越，這萬萬不可，因爲我所做的一切不僅僅爲了惹惱她，也要保存她女人天性的完整。正由於我與姑姑交情好，視寇迪莉婭爲什麼都不懂的孩子也顯得理所當然，現在這種關係不會損及她的女性本質，只是將之壓抑；她確實不知道市集裡的貨物價格，但這與身爲女性沒有直接關係，而且她勢必認爲把心思放在類種事情上的人生太過乏味。可是受到我強而有力的引導，姑姑滔滔不絕、活力十足，至少就這點來說她應當感激我。姑姑對我唯一的怨言，大概是認爲我沒有找個體面的工作，所以每次提及什麼地方有空缺，我會刻意叫道：「那不就是爲我騰出來的嗎？」然後愼重其事和姑姑討論。寇迪莉婭在一旁看了覺得荒唐，而那正是我要的反應。

至於愛德華，他仍舊悲慘！不如改名叫做腓利茲也罷。每次我思考自己與他的關係時，都會想起腓利茲與他的情人。[28]一如故事裡的角色，艾德華也是個民兵下士，性格誠懇卻無趣。他的做法大錯特錯，比方說老是做正式裝扮，身爲陪襯的我反而穿著率性。可憐的艾德華！最令人同情的，就是他還感激涕零地不知如何回報我，想來實在離譜。

——

你爲何就不能乖乖安靜呢？整個早上不斷出沒在我的屋簷下，要不就在四樓的搖鈴繩、窗邊鏡、窗框前跳躍，總之你就是希望證明自己存在，要我注意到？沒錯，天氣很好，但我不想出門呀，讓我留在家裡吧，調皮的西風。眞的這麼快活，你們就自己去快活呀。像以前一樣逗弄年輕女孩們。我還不明白嗎？你們最懂得如何悄悄抱住少女，她

28 譯按：尤金・史克里布（Eugene Scribe）的喜劇作品 *Bruden*。

們無論如何也掙脫不了、逃不出你們的手掌心。其實她們也沒那打算，畢竟你們清涼怡人。那你們就去啊！別來煩我了。

可是這麼一來你們又覺得無聊了，你們說這麼做可不是爲了你們自己。也罷，就讓我隨你們出去，不過有兩個條件：第一，國王新廣場那裡住著一位年輕小姐，容貌秀麗但竟然高傲得不肯愛上我，更糟糕的是她心裡頭還有別人，他們時常一起上街、手挽著手。我知道那男人在一點鐘會過去接她，你們得答應我，派出最強的幾位躲在附近，等那男人跨出大門、轉進國王街的時候衝過去，以最有禮的方式摘下他帽子，穩穩地送到前面一碼遠的地方。別做得太過頭，否則他可能會回家去。就讓他不斷以爲下一秒鐘便能搆到，於是忘情地鬆開小姐的手臂。引領他們沿著牆一路走到北碼頭和高橋廣場。這樣得花多少時間？大約半小時吧，等到午後一點半，我從東大街過去，那支部隊再度上場，將戀人逼進廣場中央，一陣猛烈突擊連小姐的帽子也拿下，抽她絲巾、撲她頭髮，再把男人的帽子越捲越高。總而言之，上演一齣鬧劇，不光是我，要讓所有路人看了爆出大笑，狗兒吠叫，塔上衛兵也忍不住敲鐘起鬨。記住，要把小姐的帽子吹到我這兒，看似幸運兒的我再將帽子交還給她。

第二個條件是，另一支小隊跟著我，聽我號令行事，手段必須合宜，不可汙衊美麗小姐，容她如孩子般享受這齣好戲，過得快活自在，唇上留著微笑，眼裡沒有驚懼，心中沒有一絲緊張。你們誰敢胡來，必將遭我詛咒。去吧，追逐活力和愉悅，青春和美麗，發掘出我看再多次也看不膩的風景——給我帶來年輕美女，逗弄出她們最美的一面，讓她們藉由我的注視獲得愉悅！我打算先去寬街，但記住要在一點半之前。

一個年輕女子走過來，衣著、神情都太過緊繃僵硬。今天可是週日，幫她搧搧風讓她涼快一下，以你們的純淨和舒適給她個擁抱！我看見她臉頰上的紅暈了，多麼精緻可愛！那對唇有了些色澤，胸口也稍稍挺起。女孩兒啊，能夠呼吸到清新的空氣，豈不是難以言喻的喜樂？她的小衣領如同葉子拍動，呼吸起來健康有力，步履輕盈得好像乘風而行，如雲似夢。吹得重一些、長一些！她將衣服拉緊、手臂環在身前，像是擔心一陣頑皮的輕風撩撥薄衫下的酥胸。女孩的面色越來越紅潤，眼神越來越清澈，步伐也越來越輕快。種種抵抗更加彰顯她的美貌。

凡是年輕女孩都該與西風來場戀愛，沒有誰比西風更懂得調戲女子。她身子往前傾了些，低頭看著鞋尖。等等，你們吹得過分了，她若將身子拱起來，我可就看不到曼妙的曲線。讓她喘息吧！我說小姐，方才身子熱起來，現在又涼了，是不是很清爽？不如張開雙臂，任喜悅覆蓋自身。她側了身子。快！來陣強風，我好將她的姣好身形看個仔細。再強一些，衣服才會更貼身。吹呀，給她展示自己的機會！好了、好了，到此爲止，人家頭髮都散了。自制些！別全軍衝鋒：

一方陷入愛，*Die eine ist verliebt gar sehr;*
另一方極想陷入愛。*Die andre wdre es germ.*[29]

與未來的小叔走在一塊兒實非樂事，她跟個後備職員差不多。話說回來，後備職員還有晉升機會，而且好歹總是個職務，特殊場合時還可以露露面，但做人家的嫂子或弟妹可沒有這種待遇。幸好，女人還是得到了補償，比方說她們升遷快得多，一下子就能換個工作地點……吹用力些！她越想抓牢就越是抵抗……

中間的人全力向前，旁邊的人不一定能跟上……他腳步穩健，不受強風動搖；那副身軀夠沉重，但也就因爲這份沉重，男人沒辦法乘風飄揚。他越不願意被風吹動，身邊的女孩兒就越辛苦。美麗的小姐，容我給妳個建議：丟下妳以爲要嫁的男人和小叔，自己一個人走走，妳就會覺得愉快許多。風吹得柔和些！看他們給強風打成什麼德性了，簡直在街上大剌剌跳起舞來。什麼舞曲可以這麼活潑？但風勢不減，益發激烈，於是他們如滿帆船隊筆直前進，華爾茲也無法引誘女孩露出如此撩人的姿態。風不停歇，朝著丈夫和小叔撲過去。我不就說了嗎？越抗拒越有趣。妳們爲了所愛的人奮力抵抗，看來最後會成功；人類的愛情受到上天庇佑，風是來幫助男人的——我不是安排好了嗎？只要背著風，輕而易舉便能回到所愛的人身邊，若是面著風，則會越挫越勇。等妳回到愛人身旁，已經給風吹出更多活力、更多嬌媚，那雙櫻唇涼了以後口感更甜美，一如冰鎮的香檳更添火辣滋味。看她們嬉鬧得多開心，不過話語聲被風給捲走了，又或者她們根本沒講話呢？她們又笑了，然後抓著帽子、盯著鞋子，繼續迎風前行。別吹了，免得女孩不耐煩生氣，甚至害怕我們！

非常好，堅定有力，先右腳、再左腳——她觀看世界的態度勇敢又倨傲。如果我沒看錯，她竟挽著那男人的手臂，這代表雙方已有婚約。讓我看看妳的聖誕樹上有什麼禮

29 譯按：引自德國詩人艾興多夫（Joseph Freiherr v. Eichendorff）。

物吧，孩子。唔，不錯，是個成熟穩重的好伴侶。所以她已經進入第一個階段，訂了婚，而且愛著那男人，可是她心裡的激情太豐富，忍不住在男人周圍紛飛起來。還好披著愛的斗篷，就能得到遮掩。[30]用力吹吧！既然妳走得這麼快，帽子上的緞帶自然會飄揚，看上去宛若曼妙身影乘著小小翅膀即將離地翱翔；翱翔的還有激情，它們化作精靈隨妳翩翩起舞。的確，如此看待愛情，內心一定盈滿充實；然而一旦將精靈剪成貼身衣物，將愛情製成衣裳，下場是再也瀟灑不起來。

上天垂憐！假使妳有勇氣爲自己的人生踏出全新的一步，不就應該挺身闖入狂風？這麼做誰會懷疑？至少我是這麼想的。可是女孩，別激動、別生氣，時光雖然嚴苛卻又諄諄教誨。這風也不是那樣頑劣。多逗逗她吧！手帕怎麼了？噢，給妳找到了。妳的帽子上有條緞帶鬆開了，看在有心人眼裡豈不相當尷尬。前面來了一個女性朋友，她第一次見到妳以未婚妻的身份露臉，其實今天妳刻意在寬街亮相，又要前往長堤，目的就是公開喜訊。據我所知，有個習俗是新婚夫妻要在婚後第一個週日上教堂，至於剛訂婚的人則是去長堤散步。也對，婚約、長堤，兩者有異曲同工之妙。小心，帽子要給風吹跑了。抓緊一點，低下頭來。真是的，妳居然沒有與那位女性朋友打照面，妳大可趾高氣揚啊，訂了婚的女子遇上沒訂婚的朋友，不是嗎？風可以吹得輕一點了，今天是個好日子。

看她多麼依賴愛人，明明自己走到前頭，卻又回眸一笑。她的財富、希望與未來都寄託在這男人身上。唉，小姐，妳未免太高估他了，他之所以看起來沉穩有力、值得倚靠，不正是托了我、也托了這陣風的幫忙嗎？妳自己也一樣，若不是我帶來這陣風，怎能拋開過去的苦楚，神采奕奕地對往後的日子充滿期待？

書呆子我可不要，
只會讀書讀通宵；
還是找個官爺好，
帽子上頭有羽毛。[31]

30 譯按：《彼得前書》4:8。
31 譯按：挪威鄉村歌謠。

任誰都能立刻瞧出妳喜上眉梢啊，我的好姑娘。一個書呆子絕對配不上妳。但話說回來，找個做官的眞有比較好嗎？一個已經完成研究、從大學畢業的男人不也很好嗎？可惜目前我沒辦法找到做官的或者大學畢業生介紹給妳，有的僅是清涼的微風。該吹起來囉。很好，妳披上絲巾，走慢一些，直到臉色不那麼紅、眼神不那麼熾熱。就是這樣。稍稍活動筋骨是好事，尤其在如此風和日麗的一天，只要保持耐心，一定會遇上好官人。

另一邊走來已經互許終身的兩人。他們步伐協調、互相扶持的默契羨煞旁人，彷彿只要兩人相伴就萬事足矣。但他們的姿態並不輕鬆寫意，反倒散發出絕不妥協的希望和勇敢，這才造就了彼此的敬重。我猜想，他們必定將人生看做一條道路，決定好攬著對方的胳膊同甘共苦，而且爲了這個目標，那位女士竟也願意屈就，不堅持走在舒服的石板路上。話說回來，西風啊，何苦糾纏他們？不値得費心，那有什麼好看的？已經一點半了，該到高橋廣場去。

——

應當不會有人相信，但我確實將一個人的精神成長預估到分毫不差，這也顯示出寇迪莉婭的內在多麼完整，眞是個出色的女孩兒。她文靜謙和，毫不做作，但下意識又散發出一股強烈的慾求。今天我目送她進家門時感受到了：只不過是一陣風，她也不過是要抗拒風的挑逗，卻已媚態盡出，而且心裡沒有一絲衝突矛盾。她不是無足輕重、任人玩弄於掌上的小丫頭，也並非脆弱得誰的視線射過去就會碎裂。她不是中看不中用的花朵。而我就好比醫生，對於病歷上記載的各種症狀感到興味盎然。

攻勢進入下一個階段，從緩緩接近轉爲更直接的行動。如果以軍事地圖的概念來描述，就是我將椅子挪了個角度，稍稍面向她，於是彼此有了更多互動。我開始與她搭話，挑起她的反應。寇迪莉婭的靈魂充滿激情，而且不像常人活在蒙昧虛榮之中，也因此有極其獨特的需求。我嘲弄人性愚蠢、訕笑旁人怯懦與懶散，這些言語擄獲了她。她開始想要駕著太陽馬車，穿越天際後向地面靠近，即使焚毀凡塵也在所不惜。然而她目前還不信任我，我也避免與她過度接觸，即便精神面的交流也要有所節制。她必須變得更堅強，才適合進入我的懷抱。

乍看之下，我好像只想將她當作紅粉知己，不過這是暫時的。寇迪莉婭的內在必須成長，她要感受得到靈魂的韌性，然後親手舉起全世界。只要察言觀色一番，我輕易可以評估她的進度。到目前爲止，我只有一次看見太過危險的怒意。我們必須兩不相欠，因爲她必須是自由的。愛只存在於自由之中，也只有自由能孕育出恆久的樂趣。縱使我已經安排好每一步，她遲早要倒入我懷中，一切還是得自然而然地發生，我可不希望她僅僅是肉體癱軟壓過來，重點在於心智上的互相吸引。儘管最後都屬於我，若只是一個重擔倚在我身上，還有什麼美感可言？寇迪莉婭不能局限於肉體的臣服、道德的屈從，在我們之間，自由的價值高過一切。她得夠輕盈，我才能伸手攬著她一同前行。

寇迪莉婭占據我太多了，於是我又失去了內在的平衡——面對她時倒還好，自己一個人時就特別難熬。我渴望她，但並非要與她說話，只是希望她的形影能從心頭掠過，所以知道她什麼時間要出門，我便會偷偷摸摸跟過去，只爲看她一眼。某天晚上，我們一起離開巴克斯特家，由艾德華送她回去。我急急忙忙告辭，走到僕人等候的地方，轉眼換了一套衣服，又與她相逢，雖然她毫不知情，旁邊的艾德華也如往常遲鈍。這的的確確是戀愛，不過並非常人所理解的戀愛；我必須十分小心，走錯一步後果便不堪設想，一生不會有第二次機會。

幸虧愛神是盲目的，只要夠聰明，騙過他也不是不可能。訣竅在於印象，要瞭解自己給人的印象，也要瞭解自己對每個人的印象，只要掌握這一點，男人可以同時與許多女孩戀愛，因爲每一段關係都是獨特的。只愛一個女孩未免狹隘，每個女孩都愛又勢必膚淺。理解自己、盡力去愛，由愛所生的力量蘊含在靈魂中，每一段愛都能得到獨有的養分和滋潤，而意識廣闊地擁抱她們全部——這就是享樂，是生命。

七月三日

艾德華眞的不能怪我，畢竟我的確希望寇迪莉婭和他談談戀愛，只不過結局是要她對平淡無味的愛情大失所望，她的境界才會得到提升。爲了達到這個目標，艾德華當然不能是個糟糕的男人，還好以世俗標準來說，他的條件相當不錯。可惜寇迪莉婭根本不在意，十七歲的女孩大半不在乎那些條件。但艾德華還有別的優點，我正盡力營造機會給他表現，於是我變得好像貼身女僕或造型師，不斷就地取材，甚至偶爾動用人脈借一些高檔貨放在他身上。後來一起出門時，走在他身旁的我不由得感到彆扭，覺得彼此關係簡直像是兄弟或父子，但我倆明明是朋友、是同輩，嚴格來說還是情敵呢。可惜他這輩子沒有威脅到我的可能，我扶他爬得越高，他必定摔得越重，之後寇迪莉婭也就會更深刻地意識到自己內心渴望的究竟是什麼。所以我不斷伸出援手、口出美言，我將朋友這個角色發揮得淋漓盡致。爲求良心安穩，我幾乎不擇手段，在我口中的艾德華成了抱負遠大的有爲青年。他幫不了自己，只能靠我來推一把。

寇迪莉婭面對我，心裡夾雜著厭惡和懼怕。年輕女孩懼怕什麼呢？聰明人。爲什麼？因爲聰明才智可以否定她的女性地位。男子的俊美或性格魅力也是優秀的個人特質，足夠在關係中獲得勝利，但那種勝利永遠不夠全面。爲什麼？因爲和女孩之間的戰爭，戰場無法脫離她們的勢力範圍，所以她們永遠占了優勢。靠那些特質天賦，要使女孩臉紅、低頭都不難，卻製造不出無法言喻且如影隨形的心癢難耐。而心癢難耐使女孩的媚態更有趣味。

尤利西斯沒有外表，只有口才，*Nonformosus erat, sed erat facundus Ulixes,*
卻使得海中的兩位女神墜入情網。*Et tamen aequoreas torsit amore Deas.* 32

人要有自知之明，不過我很訝異許多人空有一身本領，做起事情來卻笨得可以。既是男人，看見少女心有所屬，或者更精確地說，看見少女爲情感所困，就應該要能推敲出她受到什麼伎倆哄騙。有經驗的殺手知道如何出刀，有經驗的警探查看傷口就能推測出凶器。可是在誘惑這門藝術上，有沒有如心理學家那般進行系統分析的人呢？在多數人眼中，誘惑一個年輕女孩就只是誘惑了一個年輕女孩，沒什麼值得深入探討的。但其實裡面的奧妙太多太多了。

做爲女人，她討厭我；做爲出色的女人，她懼怕我。可是在精神層面上，她愛我。我開始在寇迪莉婭心裡植入衝突。我的傲世輕物、我的玩世不恭、我的冷嘲熱諷，這一切都誘惑著她。她並沒有墜入情網，至少面對我的時候完全沒顯露出跡象。她想要的是和我一分高下；她無法忍受有人在她面前如此高傲又獨立，彷彿沙漠中的阿拉伯人一樣

32 譯按：出自奧維德《愛的藝術》。

自在。而我的笑語、我的古怪，成功淡化了彼此之間可能存在的情慾氛圍；面對著我，寇迪莉婭感到自在，若有什麼顧忌也是理性面的，而非女人那一面。在寇迪莉婭眼中，我們根本不會是男女關係，只是兩個聰明人的交流，所以攬著我的手、握著我的手、與我說話的時候，我們就好像上古時代的希臘哲人。等她被冷嘲熱諷愚弄得夠久了，我便依古詩歌的指示：騎士張開大紅色斗篷請美女上座。我張開自己的斗篷，但不是爲了和寇迪莉婭並肩坐在草地上，而是要捲走她，讓她隨我的思緒一同消失在風中。又或者，其實我並沒有要帶上她，是我自己乘著思想，朝女孩揮揮手、拋個飛吻，然後消失無蹤，只留下風中的低語。我與耶和華不一樣，不會隨著聲音變得越來越清晰；我會越來越模糊，因爲說得越多，我便飛得越高。女孩也想要乘著思想追上來，然而那一瞬間轉眼即逝，我會變得冷若冰霜、言語無味。

女性的嬌羞有很多種類，比方說像磚頭一樣濃烈的臉紅，那是小說家的最愛，女主角們一而再、再而三都是這種神態。但還有一種比較精緻的羞澀，像是旭日東升時的雲

霞。這種神情出現在年輕女孩臉上眞是無價之寶。至於心頭一甜，於是曇花一現的雙頰紅暈，即便在男人臉上也好看，在年輕人身上寶貴，若在女孩臉上則是太美好了，明亮如同夏日閃電。之所以在年輕女孩身上最美，是因爲那份羞澀中有含苞待放的純淨，那種原初的美才叫人驚豔。隨著年紀增長，那樣的臉紅也越來越難看見。

有時候我會爲寇迪莉婭朗讀一些東西，多半不是很重要的內容。一如既往，艾德華在不知情的狀況下成爲我的工具：我說借書給女孩子可以大大提升好感，所以他就對這件事情十分積極。但他不知道自己其實爲人作嫁，幕後是我操縱書籍的選擇，這個過程中有許多觀察的好機會。無論我拿出什麼書，艾德華都毫無異議，因爲他對文學一竅不通，所以我可以盡情嘗試。晚上過去拜訪寇迪莉婭時，我會假裝偶然看見那些書，裝作要和艾德華閒聊，以適當的音量唸了一小段。昨天我透過這個方式，測試了一下寇迪莉婭的靈魂是否眞如我推測的那樣有韌性。本來我有些掙扎，不知道該不該要艾德華交給她席勒（Schiller）的詩集，裡頭有〈特克拉之歌〉（Thekla's song）；另一個選擇是我最後屬意的布爾格（Burger），因爲〈利諾赫〉（Lenore）這首作品除了優美，還有高遠的意境。我翻開那一頁，以充滿感情的音調朗誦，寇迪莉婭大受感動，縫紉的節奏越來越快，彷彿詩中的威漢（Vilhelm）要來迎娶的是她本人。我唸完以後，姑姑對於威漢的生死漠不關心，因爲她不大懂德文，不過當我將書本遞過去，她看見書皮裝訂精美，便和我聊起手工技藝的事情。我這些舉動的用意在於撩撥寇迪莉婭心中的澎湃情感，但又瞬間澆熄它；看得出來她有所動搖，但不自在遠遠多過於心神蕩漾。

今天是頭一回我將目光打在她身上。有人說睡意濃重的時候，眼瞼會不由自主地闔上，不知我的視線是否具有同樣效果，寇迪莉婭閉起眼睛，但心情浮躁可感。即使她沒察覺我的凝視，但她全身都感受得到。儘管眼瞼下黑如夜幕，她內心仍舊猶如白晝。

該是艾德華退場的時候了。他的耐性已達極限，隨時可能忍不住情緒，一股腦兒傾訴愛意。我身爲他的親信，在一旁不斷鼓勵他並藉以影響寇迪莉婭，自然看得出這狀況。只是放任他表白的話風險太大，雖然我很肯定他得到的答案必然是「不」，但這個拒絕未必就是故事結尾，以艾德華的性格必然大受打擊、失魂落魄，寇迪莉婭若因此心軟，生出不必要的情緒，可就不好了。即使我無須擔心最糟的狀況，也就是她回心轉意接受他，還是得顧及這種單純的憐憫是否會折損寇迪莉婭那份冷傲。若演變到那種局面，我拿艾德華當棋子反而就徹底失策。

我與寇迪莉婭的關係必須加溫，來些什麼都好。我不甘繼續旁觀，任時間點滴流逝，不製造一些震撼可就太遲了。爲此我必須保持敏銳，很多手法對一般人管用，對寇迪莉婭卻未必見效。最好的材料來自她司空見慣的生活，一點一點地生出驚奇，蘊含足以震驚她的元素。這是趣味的法則，貫穿我對她的每一步計畫。能夠掌握「驚奇」這步關鍵，無論手段稀奇古怪還是平凡無奇，只要感受到驚奇的一方暫時失去思考能力，無法採取任何行動，勝利自然水到渠成。

我記得自己曾經冒過險，對象是位上流世家的千金，起初我在她身邊轉呀轉，找不出如何以有趣的方式展開互動。一天中午，我和她在街上巧遇，而我非常有把握她根本不認識我，也不知道與我住在同一座城市。她獨自走著，我刻意上前，錯身時四目相交並且讓路。她在石板路上停下腳步，我忽的露出鬱悶的神情，回想起來說不定還噙著淚。接著，我摘下帽子，小姐見了更不好意思離開，我抖著嗓子，一派失神的模樣，說：「優雅的女士，請不要動怒，只因爲您和我全心全意深愛但又遙不可及的那人實在太過神似，於是我才這麼失禮，請您見諒。」她覺得我深情浪漫，而年輕女子最喜歡這種氛圍，特別是自覺處在優勢時，否則她不會嘴角上揚。那抹淺笑極其襯托了她的容貌，夾帶著出身名門的貴氣。稍微回應我以後她便離開了，而我跟了幾步才告退。幾天以後，我們又見面了，她見到我忍不住微笑——耐性很重要，最後笑的人才是贏家。

引起寇迪莉婭驚奇的手段很多，我有能耐掀起的情慾風暴足夠將大樹連根拔起，不如就試試可否颳得她雙腳離地、心思無所依附，並趁著她的情緒浮動展開私下幽會，想必更增添她內心那股激情。這絕非不可能，只要懂得方法，如她一般情感強烈的女孩什麼事情都願意。然而那是美學上的錯誤，爲了愛情而盲目就不值得我陶醉。除非沒有其他管道能汲取女孩的詩意韻味，否則我不願意採取非常手段。一旦那麼做，就等同遠離了眞正的樂趣。此外，過多的情感波濤毫無益處，發生在寇迪莉婭身上尤其不恰當，本該細細品味的女性之美將會快速耗竭，失去豐富的層次更是不值得。我不想過早將寇迪莉婭的情感帶到高點，雖說猛烈的節奏能使她大感驚奇，但恐怕不消多時她會承受不起，因爲那太過接近她內心深處眞正的渴求。

對我而言，最簡單的辦法是一次平淡乏味的求婚。即使我滿腔情意、甜言蜜語表示想娶她，她也會覺得我口蜜腹劍，不知道打什麼鬼主意。而假若我直接開口、絲毫不加修飾，聽在她耳中會更加難以置信。

但訂婚這種事情，麻煩在於倫理層面。無論學術上或現實中，倫理始終是最枯燥乏味的部分。眞是天壤之別啊！美學的天空下，萬事萬物美妙活躍、稍縱即逝；一旦加入倫理問題，什麼都變得有稜有角、粗糙生硬，無趣到極點。認眞分析起來，訂婚與結婚還是有所區別，訂婚尚未構成倫理現實，效力僅僅來自於普世價值。這個模糊地帶對我很有幫助，正因爲訂婚背後潛藏著這層倫理意義，寇迪莉婭最終會認爲自己跨越了世人認知的界線。但事實上，那層意義非常單薄，我根本無需擔心會造成多大風波。

我其實十分尊重倫理道德，所以從不輕言婚約，連隨口說說也不肯。也許上面那段話在別人看來像是我已經採取行動，但實際上我只是模擬一下可能的情境。我或許會有進一步安排，讓寇迪莉婭在踏上最後一步之前主動悔婚。我的騎士性格讓我不屑隨隨便便給予承諾，就好像我看不起一些法官竟以自由爲餌誘騙犯人招供，那麼做根本是貶低自身的權位和才智。尤其若採取嚴格的定義，我所追求的每一樣事物都應當出於自由意志，違反這個原則的手段，還是留給那些俗人也罷。他們究竟從中得到什麼呢？假如一個男人無法大得足以包圍一個女孩，決定她所見、成爲她的唯一，又不能化做她心中的詩意，使她的一言一行都源於他、合於他的心意，那麼他永遠只是鄙俗愚昧，而我可不想淪落到那境地。

我懂得審美，我懂得情慾，我徹底掌握愛的本質和關鍵；我相信愛，我明瞭愛的所有祕密。雖然沒對人提起過，但我個人的見解是：一段關係不應超過半年，享受過巔峰以後就要立刻結束。我通曉的道理還有一項：至極的享受是被愛，是成爲對方世界中最重要的那個人。使自己昇華爲女孩心裡的詩意，是一門高深的藝術；帶著詩意從她的世界離開，則是經典之作。當然，沒有前者，不會有後者。

還有一個方法，就是維持原本的步調，讓寇迪莉婭與艾德華訂婚，於是我成爲這對新人最要好的朋友。艾德華將會毫無保留信任我，將我視爲大恩人。就僞裝的角度而言，這策略更棒，只可惜有個致命缺陷：一旦與艾德華訂婚，寇迪莉婭的女性之美必然在某個層面有所折損，與我的關係也會改變，多了一絲挑逗，卻失去一絲樂趣。婚約會帶來冗長而索然的時期，卻也是激發出更多樂趣的好機會。

瓦爾家中蟄伏著一股騷動，任誰都能感覺到。日常生活中掩藏著祕密，但這祕密即將破土而出——訂婚籌備悄悄展開了。若是從旁觀察，說不定有人會以爲是姑姑和我要訂婚呢，我們兩個可以爲下一代進行良好的農藝教育！但這麼一來，我豈不成了寇迪莉婭的姑丈。幸好我與思想自由的交情太好，不管多麼荒謬的念頭都可以忍受。其實寇迪莉婭很擔心艾德華眞的開口，而艾德華卻希望自己開口以後就大勢底定；換個角度想，也許他的期盼會實現。但我不希望看他愁雲慘霧的，只好施點手段，若能盡快勸退就好了。

這下子艾德華眞的妨礙到我了，今天感受特別深。他那模樣似乎是醉了，又或者是還沒醒來，好像一個不小心就從夢遊中跳起來大聲對寇迪莉婭示愛，於是我的視線化成利刃連番射過去。大象靠長鼻子捲走東西，我也想要靠視線纏住他，將他拋得遠遠的。雖然他一直留在座位上，想必渾身不自在。

寇迪莉婭不像以前一樣，面對我可以充滿自信、落落大方，現在她時常躊躇，欲言又止。這沒什麼，要恢復到之前的關係也很簡單，不過我沒打算刻意處理。把這當作求婚前的另一次觀察也很好，反正無傷大雅。一旦我採取行動，寇迪莉婭訝異之餘，除了說「好」，沒有別的答案；而姑姑則會激動地大喊「阿門」，有一個精於農藝的女婿她怎能不開心。女婿！我們的關係需要貼近到這個地步嗎！事實上我不會是女婿，頂多是侄女婿，而且上帝明鑑，正確來說我兩者皆不是。

七月二十三日

故意散布的謠言，今天得到了收穫：大家眞的以爲我和某個女子談戀愛了。這消息透過艾德華也傳進寇迪莉婭耳裡，她非常好奇，一直偷瞟我，但又不敢開口問。她勢必想要將這件事情調查得水落石出，一來太難以置信，二來對她自身處境也是重要參考：倘若看來冷冰冰如我都會與人相戀，那她又爲何要覺得不妥。於是我好好把握機會，不著邊際地描述了這件事情，想必沒有人眞能聽出個中玄機；我的嗜好就是叫聽眾懸著一顆心，以許許多多細碎的片段引導他們想像。聽我說故事的人總以爲自己知道來龍去脈，但他們都上當了，我的說話藝術就是曖昧含混，等到事後回想，聽者會忽然察覺原來有另一種截然不同的詮釋。想要觀察別人，最好的方式是自己一直講話，因爲在有來有往的交談裡，對方很容易閃爍其詞，還能利用問答來隱藏自己眞正的想法。

所以我一本正經對姑姑說：「到底該覺得這是貴人在幫我，或是仇家想害我？每個人不都有很多朋友，也都有不對盤的人嗎？」姑姑搭腔了，我順水推舟與她閒聊，寇迪莉婭只能在一旁乾著急，畢竟是姑姑和我講話，而且我看起來很正經。我繼續說：「還是我該將這狀況看成是緣分，一種自然而然的發展？（寇迪莉婭顯然被搞糊塗了，而我又故意加強語氣，彷彿這裡頭有什麼大道理。）沒想到，我明明不常與外人打交道，竟也有成爲緋聞主角的一天，還說我已經訂了婚呢。」她還是急著想聽聽我怎麼解釋，我說：「如果說是朋友的好心，只能怪罪偏見了。一般人都以爲談戀愛是種幸福吧。（她露出訝異的眼神。）假如是仇家說的，可能他們覺得這種好運落到我頭上未免太荒唐無稽。（她鎮定了一些。）當然也可能就只是個意外，因爲這傳言完全沒根據，流言蜚語總是來自於空洞腦袋裡的空洞思想。」女人總是好奇的，姑姑立刻想打探是哪家小姐和我被擺在一塊兒，我委婉迴避追問。故事說完了，寇迪莉婭內心一定起了不少變化，我幾乎看得見艾德華又被放回名單裡。

關鍵時刻即將來臨。我可以寫信給姑姑表示想要娶寇迪莉婭為妻，換作一般人就會這麼做，因為文字溝通似乎比面對面開口容易些。雖說按照習俗進行實在庸俗，但也就因為庸俗，所以我更確定要這樣做；儘管這麼做會失去出其不意的優勢，但對我來說損傷並不大。要是我有好朋友，這時候可能會對我說：「你是不是認真思考過了呢？此舉攸關你自己和另一個人下半輩子的幸福美滿。」有朋友提醒是好事，但還好我沒有朋友；沒朋友究竟是好是壞，我到現在還沒拿定主意，可是沒朋友就不必聽人囉嗦，這一點我怎麼看都覺得是優點，畢竟我早將計畫想透澈了。

就目前狀況來看，求婚沒有任何阻礙。按照計畫行動。誰能料想到呢？很快地，我會擺脫路人身份，搖身一變成為主角，甚至可以說，屆時我不再是單純的「人」，而是一種「門當戶對」——沒錯，姑姑一定會這樣子形容。我對姑姑深感歉意，她是真的欣賞我，也真的喜歡和人討論農藝，將我和她的理想類型重疊在一起了。

雖然我有過許多次示愛的經驗，但這回完全派不上用場，我必須以更加別出心裁的方式來進行。主要重點是我自己萬萬不能忘記：整個過程不過是一場戲。我排演了許多次，想找出最妥當的辦法。場面若是瀰漫情慾氣氛，寇迪莉婭或許會起疑心，猜測到往後要怎麼發展，所以那部分還是慢慢來比較好；但太過誠摯也一樣麻煩，對年輕女孩而言，過分嚴肅可能會讓她死心塌地栽進去，簡直如同將死之人急著完成最後的心願。若將示愛表現得過分張揚，成了通俗劇般的場景，與我至今爲止的形象又太不吻合，也與我接下來想要披上的僞裝有差距。走牙尖嘴利的路數同樣不好，雖然在這節骨眼上我與一般人有同樣的目的，就是要從她那兒得到簡單的一個「好」，但我的理念沒這麼簡單；她的應允很重要，卻不是最重要的。即使我確實非要得到她、時時念著她，花了那麼多心血在她身上，也不是只要她點個頭就萬事足矣，還是有些條件得考慮。畢竟我追求的並非世俗定義的占有，而是從審美的角度出發。也因此，下一階段的開場必須盡可能充滿藝術的巧思與朦朧，蘊藏無限可能性。

如果寇迪莉婭將我視爲愛情騙子，那麼是她有所誤解，我不是世人口中那種紈褲子弟；但若她從我身上看見忠貞不渝的感情，同樣也是個誤會。最要緊的還是別讓她沉淪在僵化的成見中，這種時刻女人的預感強烈到可以媲美將死之人，所以我得提高警覺。我心愛的寇迪莉婭！我之所以騙妳，是爲了極致的美感，所以我也無可奈何，但我會好好補償妳的。現在我的行事要盡量低調，則她應允之後也猜不出所以然，無盡的可能性就是樂趣所在。要是走錯一步，給她看穿了，我們這段關係的價值就會有所減損。不要假設她會因爲愛我而答應，看起來她沒有這種感覺。還是將訂婚從行爲變成事件，從她的選擇變成她的際遇才妥當。如此一來，連寇迪莉婭自己也不由得感嘆：「命運的曲折，只有上帝才能看清楚。」

七月三十一日

今天我爲別人代筆一封情書。我很喜歡這工作。首先，讓自己進入那個情境卻保持全然自在，是莫大的享受。我抽著菸斗，聽對方描述兩人關係，還拿到另一方捎來的信。研究少女的書寫對我而言極其重要！男人坐在我對面，腦子裡只有自己的戀情，他大聲朗誦著情書內容，偶爾被我簡短的評論打斷：女孩的文筆很好，充滿情感但不逾越分際，看起來以前應該談過戀愛了，諸如此類。另一方面，我認爲自己在做善事，幫助一對年輕愛侶相知相惜，也可以說是還債吧！每幫助一對男女，我就給自己找一個目標；我一次爲兩個人爭取到幸福，但充其量只造成一個人的鬱悶。此外，我老實可靠，別人吐露的心事我絕不會走漏，但事後拿出來損一下朋友不爲過才對。爲什麼我喜歡聽人家說這些私事呢？因爲我懂拉丁文，因爲我認眞在學術研究上，因爲我會把聽見的故事埋在心底。這樣的我，不是很值得信賴嗎？我從未濫用這個特權啊。

八月二日

機會終於到來。我在街上看見姑姑，想必她不在家，因爲她總不可能同一時間身處兩地。這時間艾德華得去海關工作，所以寇迪莉婭應當一個人在家。

還好一切正如我所料。寇迪莉婭專心做著手工藝。我很少這麼早拜訪，因此見我露面，她有些慌張，氣氛稍稍顯得太過沉重。這也不能怪她，不過她很快鎮定下來。是我的錯，儘管事前做好心理建設，但我沒料到今天她看上去如此美麗，雖只是一件藍條紋的樸素居家服、胸前插了一朵玫瑰花，但花朵怎能鮮豔至此。不，眼前的少女本身就是盛開的花朵，嬌嫩得令人不忍碰觸！這樣的女孩兒入夜後究竟在哪兒出沒呢？我想是夢境吧。待天亮她才重返人間，因此保留了青春的美好。她的外表年輕動人，內在卻又成熟穩重，彷彿大自然這位溫柔豐盛的母親終於願意鬆手，將女兒展現在世人面前。而我則是在一旁觀禮的人，目睹母親如何不捨、抱著女兒說：「去吧，孩子，看看這個世界，我已經爲妳做好所有準備。記得將吻留在唇上，它是一道封印，鎖著妳裡頭的聖域。只有妳答應的人才可以解開封印。等妳遇見他，一定會明白的。」大自然在女孩的雙唇留下一個吻，不同於凡人的吻總是造成缺損，來自母親的吻藏著神性，圓滿一切，並賦予女孩同樣的聖潔。大自然是多麼不可思議！賜予男人的是口才，賜予女人的卻是吻！女孩帶著唇上的吻、額上的告別，以及眼裡的邂逅出發，看起來既如同在家裡那樣自在，也像是旅人一般興奮，她要闖一闖這個世界，但她心裡知道母親時時刻刻看顧著自己。眞美，稚嫩宛若孩童，卻環繞著一股高貴純潔，令人肅然起敬。

不過很快地我就回復冷淡的僞裝，否則將無法完成接下來的任務：將一件極其有意義的事情做得彷彿全然沒有意義。彼此說了幾句話以後，我略微靠近，然後直接提出請求。我用像唸課本那樣的語調說出口，平常任誰都聽不下去，但有時候這種口吻十分方便，因爲就和書本一樣，言語內容也將會變得隨人解釋。我完全按照一般的模式進行，目的是要她吃驚，這一點我自認圓滿達成。很難判斷她有什麼想法，她臉上的表情錯綜複雜，簡直和我尚未出版、但已經公開的書稿一樣，觀者可以隨自己意思詮釋，幾乎怎麼說都說得通。接下來，根據我說出的話，她會有不同反應，而我可以讓她笑我、讓她大受感動，也可以讓她避之唯恐不及——可是我什麼也沒多說，只是維持同樣嚴肅又呆板的假象。「這位女孩和我認識並不算久……」我的天啊，只有訂婚時才得忍耐這種無聊的儀式，眞正絢爛迷人的愛根本與此無關。

實在很奇怪。事前我模擬過無數次，怎麼想都覺得寇迪莉婭在訝異之下會脫口答應。也幸好我有周全準備，因爲現實不是這樣發展的，她回答的既非「好」，也不是

「不好」，而是請我問姑姑。多虧我早在這方面下足工夫，如此轉折對我的計畫反而更爲有利。

姑姑立刻首肯，這結果我毫不意外，寇迪莉婭自然必須採納她的意見。這場求婚談不上任何詩意，無論任何層面都俗爛廉價。女孩不知道自己該點頭還是搖頭，由姑姑出面接受，女孩就跟著答應了。於是乎，女孩屬於我，我也屬於女孩。而好戲現在才正式揭幕。

八月三日

我訂婚了，她也訂婚了。對寇迪莉婭來說，事情就這麼簡單。要是她有閨中密友，可以敞開心房說體己話，我猜她會這樣形容：「我實在不明白這究竟是怎麼回事，他這人是有些地方吸引我，但我也說不出到底是什麼。某種古怪的魅力吧。而且呢，要說愛上他嘛，我現在倒不覺得，說不定一輩子都不可能。只不過又覺得與他一起生活不難過，也許還挺美滿的。看起來他像是要求不多，只要對方陪在身邊就可以。」

可愛的寇迪莉婭！或許這個男人比妳以爲的複雜很多，還不如妳想像的那樣有耐心。世上荒唐事不少，但婚約仍舊是其中佼佼者。婚姻本身還有功能，只是不適合我。婚約呢，是人類自以爲是的發明，但發明它的人也不敢出來邀功，因爲它與愛情之間有何關係？好比神職人員的綬帶與大學教授的袍子，兩者沾不上多大的邊。總之，我也進入上流階級了，正如特洛普[33]所言：要先成爲藝術家，才有資格評論其他藝術家。訂了婚的男人，不就像是獵鹿季的藝術家嗎？

艾德華則惱羞成怒，忘記刮鬍子，也不像平常那樣穿上黑西裝才現身，單從儀容就知道他受的打擊有多大。他想要見寇迪莉婭，告訴她這段時間我有多麼虛僞。想起來可眞是驚心動魄的畫面：衣衫不整、狼狽難堪的艾德華在女孩面前大呼小叫。至少得刮個鬍子啊。我試著要他冷靜，但他辦不到。後來我只好解釋，這是姑姑的意思，寇迪莉婭也許心裡比較喜歡他，倘若他能得到女孩芳心，我一定退讓。艾德華動搖了，猶豫著自

33 譯按：出自海博格（Johan Ludvig Heiberg）的*Recensenten og Dyret*。

己是不是應該換個髮型、買套新衣，不過片刻以後，他又朝我破口大罵。我不慍不火，心裡明白得很：艾德華如果不向我討教，憑他自己根本手足無措，何況他自己最清楚前些日子受我多大的幫助和鼓勵。而我又有什麼理由毀掉他最後一絲希望、逼他步入絕境？艾德華本性善良，以後的事情沒人能預料。

——

目前我該做的事情就是全力布局，確保悔婚之時能夠與寇迪莉婭保有更加美好、更加深刻的關係。同時我也要盡己所能地享受大自然慷慨賦予她的可愛和美麗，汲取樂趣卻恪守分際、小心謹慎，不能跨過界線。等我指引她穿越邊境，明瞭何謂愛、何謂愛我，婚約自然而然像是壞了的模子不足取，但她仍舊屬於我。一般人到達這個階段就會急於跨入婚姻，他們期盼的不只是永恆，還有婚姻的種種無趣。但那不關我的事。

一切維持原樣，不過我想別的男人訂了婚也沒我這般開心，守財奴撿到金子也無法比我更快樂。想到寇迪莉婭已經到手，我樂得醉醺醺；她無瑕的女人天性好像海水，連深度也不遑多讓，而且純淨至極，沒受過情愛汙染。很快地，她會體驗到愛有多麼瘋狂激烈，好比公主繼承高高在上的寶座，寇迪莉婭也將能在這王國登上屬於她的巔峰。一切將經由我的手達成。瞭解了愛，她還要學會如何愛我。熟習基本規則之後，她還要摸索方向，而我會在前方等候。對她而言，愛是世上唯一的意義，而愛我則是意義的展現，當她意識到自己是透過我來學習愛，對我的愛就會再加深一倍。想像屆時至高無上的喜悅，我興奮得幾乎要暈過去。

寇迪莉婭的靈魂並沒有因爲含混不明的情愛而折損。許多女孩受到玷汙，沒辦法學會如何更堅決、更熾烈也更全面地去愛。在那些女孩子心裡存有一個模糊的影像，那是對愛的理想；她們以那個影像爲比對，測試現實所見的人事物，但她們永遠感受不到完整，只好在紅塵俗世載浮載沉。寇迪莉婭就不同了，她心中眞正的愛已經甦醒，我也不斷學習，聆聽那份愛發出的各種聲音，觀察它逐漸清晰的輪廓，並塑造自己與它肖似。此刻我身不由己地捲入寇迪莉婭心裡編織的愛情故事，但仍要盡可能維持僞裝。女孩的愛，就只有這麼一次。

我用合於世俗眼光的方式占有寇迪莉婭，還得到姑姑的同意、親友的祝福，於是戰亂結束，接下來是和平的日子……眞蠢！難道我以爲姑姑或旁人的看好或恭賀，就代表我能更深刻地得到她嗎。俗人竟以爲愛會區隔混亂與寧靜，事實上愛本身就是衝突，即使它的武器與我們以爲的截然不同，差異只在於衝突是遠或近。在一段關係中，衝突位置越遙遠，痛苦就越顯著，肉搏戰的意義也變得薄弱。所謂肉搏戰，不外乎握手或是腳掌輕觸——奧維德不就對此又是盛讚、又是嫉妒，甚至口出惡言；親吻或是擁抱就更不用說了。遠距離的作戰只能靠眼睛，但若使用者懂得戰爭的藝術，也能發揮得淋漓盡致，得到與近身戰同樣的成果。視線可以溫柔細膩到極點，使女孩彷彿眞的感受到愛撫；也可以剛強有力，於是女孩感覺自己像是被緊緊抱住。不過遠距離的戰爭若延續太久注定是錯誤、是災難，因爲這種形式的交流只能做爲象徵，不能取代樂趣，眞正的意義只存在近身戰中。

若愛情之中沒有戰爭，則愛情本身也不存在。我幾乎從未進行過遠距作戰，所以我說我的戰爭才要開始。事實上，直到此刻我才準備拿出武器。沒錯，我已經得到寇迪莉婭，不過那是世俗的層面，對我毫無意義可言。我所追求的更爲純淨。即使她與我有了婚約，假使我因此以爲她是眞心愛我的，那幾乎是妄想。她對我沒有那種感情。我可以在形式上得到一個女孩，卻又並未眞正占有，就如同我也可以眞正占有一個女孩，但在形式面上沒有得到。

悄悄泛紅的臉頰，*Auf Heimlich erröthender Wange*
閃耀的是內心的光芒。*Leuchtet des Herzerts Glühen.*

她坐在茶几邊的沙發上，我就在一旁。這樣的相對位置營造出私密感，又有種彼此敬重的疏遠。對於看得出其中巧妙的人，位置有著非凡的意義。愛有很多種位置，而我們現在處於第一種排列。女孩彷彿帶著皇室氣息，無論身形、神情、眼睛都如此純淨，令我深深著迷。我與她打聲招呼，她如往常愉悅上前，臉上浮現一抹羞澀遲疑。有了婚約，彼此關係不可同日而語，但是寇迪莉婭還不確定怎麼應對較好。後來她牽了我的手，臉上卻沒有以前那種笑意。我回以極細微、幾乎無法察覺的輕捏，表現得友善溫和，不帶情色意味。

她坐在茶几邊的沙發上，我就在一旁。這場景就好比宗教儀式那樣莊嚴肅穆，瀰漫著柔和的晨光。她沒有說話，不忍破壞這靜謐。我雙眼輕輕從她身上掃過，視線中不帶欲求。在這種時刻表達欲念太煞風景。她臉上閃過一抹紅暈，好像浮雲掠過牧草地，然後飄得更高更遠漸漸消失。那紅暈代表什麼？是愛、是渴望、是希望、是憂懼？紅，不就是心臟的顏色？接著她慢慢陷入自己的心緒。她思索的不是我，我本身無法成爲答案。甚至也不是她自己，而是她的心境轉變。這時候需要的確實就是安靜，記憶和情緒波動都無法打擾。對寇迪莉婭而言，我彷彿不在場，事實上卻又因爲我的出現，她才生出如此複雜的情緒而需要沉澱。我與她和諧共存，進入這境界的女孩自然受到空靈包圍，如同女神一樣受人尊敬膜拜。

多虧我叔叔的這棟屋子。要讓年輕人厭惡菸草，就帶他去大學宿舍的吸菸室瞧瞧；要叫一個年輕女孩排斥婚約，就帶她去我叔叔那兒走走。進入裁縫師公會，遇上的當然多半是裁縫師；而在這莊園裡，大多是訂了婚的人成雙成對。走在這種地方實在叫人反感，所以不能怪寇迪莉婭顯出不耐煩。全部算算就有十對，還沒計入因節慶湧入首都的人潮。

訂了婚的人言行恩愛幾近黏膩，而我帶寇迪莉婭過來，就是要給她機會親眼看看一般人的愛情化爲現實會變成什麼德性，沉溺在情愛之中的神態是多麼笨拙。你會一整晚不斷聽到怪聲音，好像有人拿著蒼蠅拍到處揮舞；事實上，那是情侶們的熱吻。在這裡，他們不會爲此覺得尷尬，甚至懶得費心找個隱蔽一點的角落，圍著大圓桌便毫無顧忌地卿卿我我起來。當然我可以趁此氣氛對寇迪莉婭採取同樣的行動，不過最後我還是克制自己，因爲強占的做法只是玷汙她的女性貞操，對我而言那比起欺騙更嚴重。整體來說，信賴我的女孩就該得到最完美也最極致的美學對待——即使最後她覺得受騙，但在我看來，那是美學的一環，因爲故事的結局若非女人欺騙男人，當然就是男人欺騙女人。如果有人願意花些苦心，數算一下童話、神話、傳說和民謠裡面男人和女人誰比較不可靠，結論一定很有趣。

雖然寇迪莉婭占去我許多時間和精神，但我一點也不後悔。每次見面都得花很多時間做準備，因爲我正陪著她體驗愛的滋長。儘管我有形的軀體就在她旁邊，但她感覺不到我；這種關係就像是一支少了舞伴的舞，或者明明有我這個舞伴，她卻始終看不見我。寇迪莉婭就如同在夢中翩然起舞，夢中舞伴是我，朦朧不可捉摸，若有似無。要跳舞，還是得有人搭檔。她先鞠躬行禮，接著伸出手，退後、前進。我握著她的手，看似完滿了她的思想，其實是思想完滿了自身。她跟隨靈魂所演奏的樂曲舞動，我充其量只是一個開場的訊號，而且不帶一丁點兒色情，於是引起她更多好奇。這樣柔韌而抽離的我，簡直融入了背景裡。

一般人訂婚以後多半聊些什麼？就我所知，雙方急於將另一半拉進自己的大家族，也難怪愛情會在這過程中逐漸磨滅。要是一個人不懂得如何將愛置於絕對地位，其他一切人事物相較之下微不足道，那麼一開始就不該投身於愛，這不是結過十次婚就能夠彌補的缺陷。我的阿姨叫做瑪麗安、舅舅叫做克里斯托弗、父親是個少校，還有這個、那個……已經攤在陽光下的個人資料與愛沒有任何關係，就連個人的過往也無關痛癢。年輕女孩本就沒有多少可說，倘若有的話倒是很値得一聽，但有精彩過去的女孩，建議還是別愛上的好。我談戀愛不是爲了聽故事，我自己的故事已經夠多了。我追求的是兩人眞正爲對方存在的永恆一瞬間。

爲此必須讓寇迪莉婭對我有信心，更精確的說法，是排除她內心的疑慮。我並非一般戀人，一心念著相互敬重才能愛、才能結婚、才能生小孩。不過我也明白愛情，特別是在激情不足的情況下，確實得注意不要造成美學與倫理的衝突。就這層面來看，愛情有其獨自的辯證規則，例如相較於我對姑姑的作爲，我與艾德華之間的種種更該受到讚責，但結果是後者看在寇迪莉婭眼中較容易接受。她沒有主動提起這兩件事，但我認爲還是解釋清楚我的動機比較妥當，一方面我表現得愼重就迎合了她的自尊心，再來我待人處事的思路如此難解也會引起她的好奇。不過這樣的自白會顯得我很瞭解情愛之事，與以前自稱從未涉足這領域有所矛盾，但這不重要。只要她沒明確察覺，而我能達成目標，前後矛盾無所謂。只有那些醉心於學術的人才要擔心邏輯是否說得通，年輕女孩這樣豐盛的生命，本就充滿各種矛盾，那是無可避免的結果。

寇迪莉婭有傲氣，但對愛情沒有明確概念。雖然現階段她理智上可能認同我，一旦感性大量湧出，她的想法、感受或許會起變化，而那傲氣會對我的立場造成威脅。就我目前的觀察，她對於身爲女人的眞正意義感到迷惘，之前輕易利用這一點將傲氣引向艾德華，但現在則因爲她根本不懂愛情而很難控制。假使她領悟什麼是愛，眞正的驕傲就會覺醒，但現在這種粗糙的傲氣依舊時不時鑽入她心中打亂她的情緒。屆時她可能會針對我，就算不立即後悔與我訂婚，也會認爲我占了太大便宜，天秤一開始就傾向我這裡。而她察覺這些以後，就會想要與我作對，這是理所當然，然後我可以從中看出她的心思如何活動。

沒錯。就算隔著這麼遠的距離，我也看得見留著捲髮的可愛小腦袋從窗戶探出來。我已經接連三天注意到這幕畫面，年輕女孩不會閒來無事一直待在窗邊，總是有理由的。不過可否求求妳不要將身子探出來這麼多？我敢打賭妳一定是站在椅子上，那姿勢再明顯不過。萬一妳摔下來可不得了！而妳若摔落，也不是打算落在我頭上，我也暫時不打算介入。妳是想落在他頭上——無論是誰，總之必定有個他。啊，不會吧！這下子我可瞧見了！遠遠從街道中央走過來的，不正是我的牧師朋友韓森嗎？他看起來舉止也有些奇怪，平常可不是這模樣，若我沒料錯，韓森這一路也乘著渴望的翅膀，所以腳步輕飄飄的。

該不會他常來這兒，只是我一直沒發現？可愛的小姐，妳怎麼忽然縮回去了，我猜是要替他開門吧。妳先別費心，他又還沒要進去。妳覺得我胡說八道嗎？不、不，我可以保證，因爲那是他親口說的。要不是因爲剛才一輛馬車喀噠喀噠經過，妳也會聽見才是。我隨口問了一句：「你要上那戶人家嗎？」他清清楚楚回答：「不。」所以妳且道再見吧，韓森要先陪我走一會兒。看得出來他有點尷尬，因爲越尷尬的人話越多。我也會多聊聊他正在應徵的教會職缺。再會了，小姐，我們先過去海關一趟，但是走到那兒我又會說：「唉呀，眞是糟糕，顧著和你聊天，我走反方向了！我要去西大街啊。」

看看，我們這不就回來了嗎！結果她還在窗口盼著。這樣一個女孩子肯定能夠叫男人快活。或許有人會問，我爲什麼要這麼做，是我心腸壞、愛作弄人？當然不是。我可是爲了妳啊，迷人的女孩。

首先妳越是巴望著他出現，他眞的上門時看起來就更是英挺帥氣。再者，這下子他進去妳家大門以後，第一句話就是：「差點來不成了呢。剛才快要進門之前遇上一個討人厭的傢伙，幸好我機靈，拖著他繞一圈，聊了聊我求職的事情，一直到海關附近才終於甩掉他。別擔心，他一定什麼也沒察覺。」然後呢？妳就更加欣賞他了呀。在妳心中這位牧師本來就學問淵博，如今更顯得才智過人，因爲妳親眼瞧見他的反應有多敏捷了，不是嗎？這可是托我的福！我忽然想到一件事：這兩個人應當尚未公布訂婚的消息，否則我不可能沒聽說。女孩的長相個性都好，但還很年輕，說不定思慮並不成熟，要是莽莽撞撞就想跨進人生下一個重要階段，這該如何是好？得想想辦法，找個機會與她談談。基於她是個漂亮小姐，我該這麼做；基於友誼，我也該保護韓森；而她是我朋友心儀的對象，所以我又多了一層責任。另外，她們家很體面，我不得不多爲伯父伯母著想。甚至可以說，我是爲了全人類這麼做呀。全人類！多麼震撼、多麼積極，爲了全人類而奮鬥，實在冠冕堂皇。該將心思拉回寇迪莉婭身上了。我善於轉換情緒，女孩的殷殷盼望是種美妙氛圍。

——

我與寇迪莉婭之間開始了第一場戰爭，但是我不斷撤退，爲的是給她機會體驗到追逐與勝利。我退了又退，透過這個過程傳授愛情的力量，以及其中的紛亂思緒和激情，並解釋何謂渴望以及何謂希望，還有那種熱切的期盼究竟是怎麼回事。只要按照計畫繼續走下去，一切會由她內在萌生。我領她走在凱旋的路上，爲她揭示出方向，也在一旁讚頌偉大的勝利。見證愛情如何駕馭我、創造出我的一言一行，寇迪莉婭也會培養出對愛的信仰，接受這股永恆的力量。她一定會相信我，不只因爲我對自己這門藝術的造詣有把握，也因爲我所言來自眞實。若非如此，她自然就不會相信我。隨著我的每個步驟，寇迪莉婭越來越強韌；愛在靈魂中甦醒，她也更加接近女性生於這世間的意義。

其實若以俗人的標準來看，迄今我還沒有眞正發自肺腑地向她求婚。但我要行動了：讓她自由。唯有她獲得了自由，我才能夠眞正愛上她。不能讓她臆測到這自由也來自於我，否則她將對自己失去信心。她感受到自由以後必然有所動搖，生出與我分手的念頭。那是第二次戰爭的開端。她已經得到力量和激情，這樣的對手之於我才有意義，至於戰爭如何收尾，其實只是支微末節。假設她給驕傲沖昏了頭，眞的打算離開我，那樣也好！即使她自由了，卻仍舊屬於我。拿婚約束縛她才荒謬可笑，她不自由，我也不想要。所以她想要離開也無所謂，這就是我們之間的第二次戰鬥，勝出者也必定是我，而一如初次戰鬥，必然是她獲得表面的勝利。對我來說，她越強悍，樂趣就越多。上一次的戰鬥是爲了解放，只是一場遊戲；這次則是爲了征服，要分出生死。

我愛不愛寇迪莉婭？當然愛！發自內心嗎？對。我忠實嗎？沒錯，而且從審美的角度來看，這重要極了。即使成爲世人眼中忠誠的好丈夫，但若思想愚昧，女孩嫁給這樣的男人又有什麼意義？對她有什麼好處？完全沒有。有人說過，人生在世並不是誠懇就好。在我看來，愛一個女孩，也並非忠厚老實勝過一切。我就擁有另一項必要特質，那叫做欺騙。縱然如此，還是得說我是全心愛著她的，否則我不需要謹愼小心、克制一切不當慾望，呵護她那神聖天性的發育。世上少有人能做到這點，我是其中之一；世上也少有女孩値得如此對待，但寇迪莉婭有此資格。我們豈不是天造地設的一對？

——

視線不在牧師身上，反而飄向妳手裡那條華麗的刺繡手帕，這是不是一種罪？而妳握著手帕的風情，又是不是一種罪？手帕角落繡了名字。妳是夏綠蒂．哈恩？能以如此意外的方式得知女孩姓名眞是充滿誘惑，彷彿有個樂於助人的精靈悄悄撮合。手帕折疊得恰恰好，讓我正好看得見妳的名字，難道不是個美麗的巧合？妳很感動，拭去眼角的淚珠，放下手帕。我盯著妳，而不是牧師，這舉動在妳看來應該很奇怪。而妳看了自己的手帕，意識到名字洩漏了。著實天眞，要知道女孩的名字方法很多，何必怪罪於手帕？爲什麼急著將它揉成一團？又何苦對我惱火？牧師不是才說了：「不要引誘他人，即使是無心之失，也必須負起責任。犯下罪過以後，唯有倍增自己的善行才可以彌補。」他說了阿門，走出教堂之後，妳是否打算任手帕在風中飄蕩。難不成妳怕我？我做錯什麼了？有什麼妳不能原諒的，又有什麼是妳不願記得的？若不記得，怎麼寬恕？

和寇迪莉婭的關係得改變，有來有往很重要。若我只是一再退讓，她心中的感情很有可能太過放蕩而渙散，沒辦法凝聚內在的女人天性。若第二次的戰爭在這種狀態下開始，她根本毫無還手的餘地。的確，寇迪莉婭至今仍不眞正明白上次自己爲何勝出，她沒發覺是理所當然。重點是保持她內在覺醒，倘若她察覺到勝利可能被奪走，才會學著緊緊抓住。在這樣的衝突裡，她天性中的女人就會成熟，而我可以透過對話點燃她，也可以藉由書信冷卻她。就各種層面來分析，以書信煽動比較妥當，如此一來我可以享受到她最極端劇烈的情緒變換：在文字中摻入甜美的毒藥，等到毒性進入她的血液裡，只要輕描淡寫一兩句話就足夠引爆她心中的愛意。

然而接下來則是冷嘲熱諷，寇迪莉婭因此又陷入懷疑，不過不至於使她誤以爲在情場上眞的落敗，尤其再到下一封信，她將覺得更有把握。諷刺這門藝術在書信中也不容易發揮，她未必看得懂。在交談之中，也只能投入一點點熱度。我的軀體對於幻想是種阻礙，但若我只存在書信裡，她就有辦法承受。也就是說，寇迪莉婭會將我與她情感上的概念人物混淆。另外，在書信之中怎樣的表達都不爲過，所以我可以大大方方拜倒在她裙下；若是面對面還這麼做，未免太過滑稽、破壞想像。這些反差會喚醒寇迪莉婭心中的感性，使其成長茁壯、越來越堅固。這些反差是種引誘。

然而行文間不可以太快摻入情色意象。起初以平凡簡單的話題消弭她的顧慮爲主。就算提到訂婚的好處也無傷大雅，能使她安心就好。反正婚約制度的缺陷，未來她有的是機會親自感受，光是我叔叔那兒就有看不完的例子。情慾的部分，沒有我的指引，她心裡也生不出來；若我刻意拒絕，寇迪莉婭看著別人卿卿我我，很快就會心中生厭，排斥婚約這種形式。但她永遠不會知道，這一切其實都是我一手促成。

——

今天我要給她一封信，內容是描寫我的靈魂。讀過以後，她應當也會意識到自己內心是什麼狀態。這是正確的做法，而我最擅長的就是正確的做法。這都要感謝妳們啊，我愛過的女孩。因爲妳們，我的靈魂才會如此平和，能成爲我想給寇迪莉婭看見的任何樣貌。眞是感激妳們，一切都是妳們的功勞。我想年輕女子是上天賜予的教師，男人總是可以從她們身上學到東西——再怎麼不濟，至少也學得會如何欺騙女孩，而實地演練是最快的捷徑。無論到了什麼歲數，我都會謹記一件事：要是一個男人無法從年輕女孩身上學到什麼，那代表他眞的老得不行了。

我的寇迪莉婭：

妳說沒有想到原來我是這樣的人，其實我也沒有想過自己可以變成現在這模樣。然而變的究竟是我，還是妳？說不定我根本沒有改變，只是妳觀看我的方式不同了。又或者，眞的是我變了？若是在我，那就是因爲我愛妳；若是在妳，則是因爲妳是我所愛的人。在靈光乍現中，我頓悟一切，於是我感到驕傲而堅強，心中毫無畏懼。已經不再有什麼事物可以使我吃驚，就算有鬼魂來敲打我家大門，我也可以冷靜地提著燭台去開門。[34]不過妳要明白，我不是爲了虛無縹緲的鬼魂敞開心門，而是爲了妳，我的寇迪莉婭。造訪我的是生命，是青春，是活力和美麗。我的手臂不禁顫抖，無法將燭台拿穩。

34 譯按：《唐璜》的故事內容。

我膽怯後退，可是又忍不住要看妳，忍不住想要高舉燈火照亮妳。我變了，但究竟是如何改變、爲何改變，改變的本質又是什麼？我不知道，沒有任何可以遵循的道理或原則，唯一確定的是，那神祕且不可思議的：我變了。

妳的約翰尼斯

我的寇迪莉婭：

愛情喜歡隱密，但婚約代表公開。愛情喜歡安靜，而婚約則是一種擾攘。愛情喜歡悄悄話，婚約卻是個大嗓門。幸好，我有寇迪莉婭，所以婚約會是欺瞞敵人最好的僞裝。夜深人靜時，掛著燈火的船對其他船隻最危險，因爲光亮比起黑暗更像陷阱。

妳的約翰尼斯

寇迪莉婭坐在茶几旁的沙發上，我坐在她身邊。她攬著我的手臂，枕著我的肩膀，腦袋裡面不知有多少思緒糾結。我們很近，卻又很遠，她雖然身心都奉獻給我，卻並不

眞正屬於我。她還有些抗拒，但並不是針對我個人；女人天性中就存在這種抵抗，她們的本質就是以抵抗的形式來奉獻。

寇迪莉婭坐在茶几旁的沙發上，我坐在她身邊。她心跳很快，但沒有激情；她胸脯起伏，但沒有躁動。有時她神情改變，但是微乎其微。這是愛？不可能。她聽我說話，也理解我說的內容。她聽著已經熟悉的聲音，理解那聲音所說的一切。她聽著另一個人傾訴，那些話語彷彿從她內心油然而生；另一個人的言語在她的身體裡起了共鳴，但她已經分不清聲音究竟出自她自己，還是那個人，也分不清言語究竟進入那人耳裡，還是她自己的心裡。

我在做什麼呢？愚弄她？當然不是，那對我沒有任何益處。我是不是想要竊取她的心？也不是，事實上我寧願自己喜歡的女孩保有她的心。那麼我到底在做什麼？我是要給自己塑造一顆心，就如同我爲她塑造了一顆心。畫家畫出自己所愛之人，雕刻家雕刻出自己所愛之人，那是樂趣所在。我也一樣，只不過我是在心智這個層面進行藝術創作。寇迪莉婭不懂我做的事情，而這就是最大的謊言所在。我暗中完成這個作品，若從這個角度觀察，我的確取走了她的心，一如利百加狡獪地從拉班家裡盜走神像時，也順便盜走了他的心。[35]

——

環境對人的影響很大，尤其有時候它們會在記憶中留下難以磨滅的印象，甚至可以衝擊整個靈魂，因此不能加以忽略。無論我到了什麼歲數，想起寇迪莉婭時，一定會連帶想起這個小房間。我前往她家拜訪的時候，女僕通常會先領我進入大客廳，寇迪莉婭則從她的房間走出來，而同時間我走進旁邊的小客廳；當她打開對面那扇門的時候，我們目光自然交會。小客廳布置舒適，空間與單人房差不多。雖然沒有機會從各個角度觀察，但就我坐在沙發上所見，一切都頗爲滿意。寇迪莉婭總是坐到我身邊，我倆面前有一張圓形茶桌，鋪有華麗的桌巾，上面擱著一盞燈，形狀如同直挺挺的花朵，以精緻的剪紙做爲燈罩，因爲輕巧所以常常微微顫動。這盞燈的風格令人聯想到遙遠的東方，尤其燈罩緩緩晃動時彷彿吹起了東方才有的柔風。地板上鋪著特殊的柳條編織而成的地氈，同樣一眼就認得出是舶來品。

有時候我覺得那盞燈是這景貌上的地標，我和寇迪莉婭坐在花一般的燈光下；有時候地上的柳條化爲甲板，我們彷彿坐在艙房內，朝著大海的中心航行。距離窗戶比較遠的時候，我們會望向天際，於是幻想變得更加眞實。坐在她身旁，這些意象好比死亡掠過墳墓那樣湧入我心中。

環境對於回憶更是有著深遠的影響。每一段感情關係都要細細品味，直到能夠輕鬆地在心中找回當時的所有美好。想要達到這程度，必須對於環境多加留心，如果不理想就得主動改變。就寇迪莉婭和我而言，環境非常適當；而當我想到小艾蜜莉，不同樣認爲那個環境再妥善不過？想起來，或者說回想起來，艾蜜莉總是待在面對花園的小房間裡，我無法將她換到別的背景裡。房間裡面有扇門打開著，屋子前方那片小花園就在眼前展開，逼得人的目光不得不落在那兒，而前方道路則一路延伸至視野盡頭。艾蜜莉也是個可愛的女孩，但是與寇迪莉婭相比還是差了那麼一點，而環境適時彌補了這個部分：視線停留在大地，不要浮躁地向前衝，就連隱沒於遠方的道路也是爲了引領眼睛的巡禮而存在。那個房間連結的是大地。寇迪莉婭則不需要地景，她擁有的是一望無際的

35 譯按：此處指《創世記》31:34前後的故事，但齊克果似乎混淆了人物，這段故事應當是拉結（Rachel）竊取神像而不是利百加（Rebecca）。而「偷心」實有詭計、欺騙之意。

蒼穹，她不該行走於地面，而是飄浮飛翔。無需回頭，恆久前行。

果然訂婚就是愚蠢的保證。幾天之前韓森終於帶著那位年輕小姐露面，他們訂婚了，他私下跟我聊了一會兒。韓森覺得女孩長相甜美，這我之前已經知道；他說她很年輕，這我當然也曉得。最後他提到自己之所以做出這個決定，竟是因爲自覺能將女孩塑造爲內心理想的樣貌。我暗忖他這麼有學問的人竟如此愚昧，還找上一個青春活力的好女孩兒。即便我在這個領域已經經驗老道，仍然視年輕女孩爲大自然的經典之作，覺得應當是自己要向她們學習。就算刻意引導、塑造她們，也只是將我從她們那兒領悟得來的一切歸還回去。

我必須刺激她的靈魂，而且不是一點一滴、時有時無的刺激，是全面而整體的。要讓寇迪莉婭看見無限的可能性，感受最貼近自己人性的時刻。如果她走在理性思考的道路上，恐怕永遠無法眞切體會這一點；現在需要的是想像力，因爲想像才是她與我眞正的溝通管道，儘管那對男性來說只是生命的一個片段，對於女性而言卻是全部。寇迪莉婭不必艱苦翻越理性之路追求無限，女人生來就不做這種苦工，她們只要踏著感性與想像就可以輕鬆到達終點，尤其對年輕女孩而言，那片無限來得自然而然，一如她們以為戀情必定以喜劇收場。無論她們身處何處，一轉身就能面對廣闊的無限，然後只要飛躍過去；記住，保持女性的優美，不是男性那種大剌剌的步伐。

為什麼男性生來如此拙鈍呢？跳躍之前還必須先就定位、目測距離、助跑測試好幾次，一旦猶豫又得停下來折返，等眞的邁步跳出去，結果還是往下墜。年輕女孩可不是這樣。山區時常可見兩座高山比鄰，中間是一條深淵，光是低頭看都覺得可怕，男人不敢跳，當地傳說卻稱年輕女孩們根本不怕，他們稱那景象叫做少女的飛躍。我完全相信這個傳說，也相信年輕女孩能有各種出色的表現，聽那些質樸的山區居民說起這故事，令我深深陶醉。

我相信那些不可思議的事，不可思議的感受正是為了相信而存在，世上能使我感受到不可思議的，首先是、最後依舊是：少女。少女們只需要輕盈的一個跳躍就足夠，不管男人可以跳多遠，或者是不是同樣到了另一座山頭，只要他們的姿態費力笨拙，就永遠無法跟少女們相較量。有人會傻得去想像女孩要助跑嗎？或許可以想像女孩奔跑，但那是嬉戲、是娛樂，是爲了展現自身的美麗可愛。助跑前進那樣的概念根本不存在於女性的世界裡，因爲這裡頭存在理性辯證，與女人的天性有所衝突。誰敢如此不解風情，想像也要違逆了女子之美。

少女的飛躍像在空中滑翔，朝著對面山頂落下，絲毫不見狼狽力竭，只是出落得更加清麗動人、渾身散發靈氣。她回眸一笑，朝還在原地的我們拋了個飛吻，那份宛如新生的青春活力就像綻放的鮮花，橫越深淵的曼妙身影還叫我們眼花撩亂。接下來，少女要學會的是如何將那份空靈融入無限，隨著情緒舞動身姿，模糊現實與詩意的界線後，在無限的領域裡恣意徜徉。等她熟悉情緒浪濤，我才爲她指引情感方向，於是她會成爲我冀求的對象；屆時我的責任已了，作品已成，我可以收起自己的船帆坐在一旁，揚起她的船帆載著兩人繼續航行。事實上，只要女孩沉醉於情感，我就可以開始掌舵、控制速度，要快慢適中，恰如其分。有時我會故意在船帆上戳個洞，有時則要全速向前。

現在到我叔叔那裡，寇迪莉婭表現得越來越不耐煩，好幾次提起希望別再過去了，但是我沒理會，想得出許多理由堅持邀她一起過去。昨天晚上離開時，她牽著我的手，一反常態顯得十分激動。在裡面很不舒服吧，這一點並不意外。要不是我將那些矯揉造作的言行當作一種實驗觀察，肯定也會難過得要命。今天早上我立刻收到她的來信，信上不僅取笑婚約這種事情，力道還比我預期的強勁許多。我忍不住吻了那封信，我會好好珍藏起來。做得很好，我的寇迪莉婭！我非常欣慰。

——

就這麼巧，在東大街上有兩間咖啡廳面對面營業，左側那家的二樓住了一位年輕女性，不知到底是少女還是少婦。平常她的身影隱藏在百葉窗後面，不過因爲百葉窗的材質很薄，眼力好一點的人，或原本就認得她的人，或是觀察了許多次的人，很容易就能看出她的五官，如果不認識她或者眼力較差的人，則只能看見朦朧的形影。可惜我是看不清楚的那種，不過有個年輕軍官每天十二點鐘準時從街角走過來，抬頭朝那扇窗戶張望。其實我一開始就是被百葉窗給吸引的，才進而察覺到他們兩人之間的交流。附近其他窗子都沒有遮蔽，若只有一扇窗戶需要遮蔽，意味著後頭常有人。

某一天我在對面那間咖啡廳裡倚著窗，時間正好是十二點。原本我也沒注意到街上的行人，視線恰巧停在那扇百葉窗上，結果看見後頭有人影在晃動。旁邊的另一扇窗戶映出女性的側臉輪廓，朝著百葉窗簾這個方向微微點頭，神情十分和善。我立刻意識到：她打招呼的對象一定是男性，那表情和動作的感情很明顯，不會用在同性友人身上。我也可以推論出對方會從什麼方向走近，因爲只有特定的角度能隔著百葉窗遠遠地就看見是誰走過來、然後打招呼。果然，隔天十二點整，這個愛情故事的男主角，一位英挺的中尉現身了。我坐在那位女士樓下的店裡，看著軍官抬起頭。小心點，朋友，要對一個在二樓的人行禮可不輕鬆。另外，果然他長相不差，體格結實精壯，黑髮勾鼻頗爲俊俏，戴著三角帽更顯俐落。不過也不是沒缺陷，腿居然有些彎，好像嫌它們太長似的。

在旁觀者眼裡，這景象很容易讓人聯想到一個人明明牙痛，但牙齒居然長得太長的窘境。如果他就這樣一直站著看向二樓，兩條腿可能會打顫吧。抱歉，中尉，請原諒我打斷你的眺望，我明白這十分唐突，但是你這麼抬著頭也沒有多大意義，什麼都沒表達出來，卻又自以爲得到許多承諾。也罷，看起來這位軍官被沖昏頭了，就像詩人寫的：

「他蹣跚、他跌倒。」36

眞糟糕，若換作是我，決計不會如此失態。可惜了，那麼體面的一個人。若要以英朗的氣質得到女性青睞，怎能出現跌倒這種尷尬的場面。既然要當騎士，就得時時提防；換作一個以聰明才智取勝的人，似乎不至於如此難堪，他可以裝作專心思考、神情恍惚，被絆倒看起來就不那麼奇怪。樓上的小姐會留下什麼印象呢？眞可惜，畢竟我沒辦法同時身在達達尼爾海峽的兩岸。雖說我可以在對面店裡安排熟人看著，但一方面我還是希望親眼瞧瞧，再來就是這事件對我的意義還不明確。綜合起來，找人一起挖掘這祕密沒多大好處，還要浪費很多時間探問同夥觀察到什麼，恐怕只會引起對方的疑心。

我對中尉已經覺得厭煩。他每天衣冠楚楚地穿過這條街，這種行爲無聊極了。難道軍人都是這德性？我說先生啊，你身上應該有槍吧？何不闖進那戶人家將女孩給擄走？假使你是學生、學者、神職人員，倚靠內心的期望來過日子，那自然是另當別論。算了，我原諒你，那女孩多看了幾次以後頗得我歡心。她很美，那對褐色眼睛相當淘氣，

36 譯按：出自德國詩人Jens Immanuel Baggesen的作品。

而且爲了盼望你過來呈現出筆墨難以形容的嬌媚。我猜她想像力十分豐富，而想像力是女人最美的妝容。

我的寇迪莉婭：

渴望是什麼？在言語中、在詩詞中，它和捆綁同一個韻。[37]多麼不合邏輯，好像一個被綁起來的人還能奢求什麼似的，又或者像是說一個自由的人就毫無渴求。想想，要是我能自由多好，我多麼渴望呀！事實上，我確實自由，如同飛鳥一樣自由，但我還是有好多渴望！見妳的時候有渴望，離開妳的時候也渴望，明明坐在妳身旁，我依舊渴望著妳。一個人是否可以渴求自己已經擁有的事物？可以的，只要他想到隨時可能會失去。這股渴望是永恆的煎熬，除非我能永存，知道妳時時刻刻屬於我，我才可以與妳一起走過無限歲月，因爲與妳分離，即便是一時半刻，我也不願忍受，我希望能夠平靜地陪伴著妳。

妳的約翰尼斯

我的寇迪莉婭：

外頭有一輛小馬車，在我看來足夠容納整個宇宙，因爲它足夠供我們兩個人乘坐。拉車的兩匹馬兒狂野奔放，力量有如天地浩瀚。牠們急躁難耐，彷彿回應我的激情，但那份堅強勇敢就好比妳的內心。只要妳答應，我們隨時出發。我的寇迪莉婭！妳願意嗎？妳一聲令下，我立刻執起轠繩，載妳遠走高飛，不是從此地到彼地，我們可以離開這個世界。駿馬騰身，越過我們頭頂，車廂竄入雲海，我們直衝天堂。風聲在耳邊呼嘯，究竟是我們靜止了，而世界仍舊碌碌轉動，還是我們飛得太快太猛？親愛的寇迪莉婭，妳是否感到暈眩？妳可以抓緊我，我不會頭暈，因爲人只要想著一件事情不分心就不會暈，而我心裡只有妳。生理上，眼睛若只盯著同一點看也不會暈，而我眼裡同樣只有妳。抓牢了，假如遠離塵世之後，這馬車將隨風飄散，我們會只剩下彼此。一起徜徉於群星吧。

妳的約翰尼斯

37 譯按：此處指丹麥文中的længsel（渴望）和fængsel（監獄）。

可眞是過分，我的僕人等了六個小時，我自己也等了兩小時，外頭還下著雨呢，爲的只是能等到夏綠蒂·哈恩。每週三下午兩點到五點，她多半都會去探視一位年邁的阿姨，偏偏今天正巧是她沒露面的日子，而我也就這麼剛好選在這天想見到她。爲什麼？因爲她帶給我一種獨特的情緒。

打招呼時，她屈膝行禮的模樣充滿矛盾，乍看十分俗氣，細看又蘊含一種聖潔。她彎下膝蓋後會稍稍停頓，簡直像是身子要沒入地面，但下一秒鐘就升上天國。觀察細微的我，心裡也是既肅穆卻又有股油然而生的渴望。除此之外，這女孩就毫無意義了，我要的不過就是彼此打照面的匆匆瞬間，就算夏綠蒂願意給我更多，我也沒有收下的意願。只要從她那兒沾染了這股氣氛，我就可以轉移到寇迪莉婭身上，可惜她今天不知怎的和我們錯過了。沒想到喜劇裡頭的年輕姑娘很難遇見，連現實生活裡她們也這麼捉摸不定，得多長幾雙眼睛才能找著。神話裡面有一位叫做卡迪亞的女神，她時常戲弄男子，將人騙進了樹林以後自己卻消失無蹤。但是她想捉弄傑納斯的時候卻反中了那位男神的道，因爲傑納斯是雙面神，背後也有眼睛。

看來我寫的信發揮了作用，內容在寇迪莉婭心中發酵，但還沒萌芽爲情慾。若要加速情慾滋生，該寫的不是信，而是短籤，並且隨著情感的進程逐次縮短，卻又包含濃濃的情意。同時爲了避免她過度多愁善感導致精神脆弱，時不時得摻入辛辣的諷刺，一方面培養她堅韌的心靈，另一方面更刺激她渴望感性的養分。此外，短籤要模糊指出彼此關係最巔峰的那一刻；一旦寇迪莉婭的靈魂到達那境地，也就必須切斷我倆的連結。經由我表現出的抗拒，寇迪莉婭會以爲所有變化都是她自己的情緒作祟，是源於她的內心。而那就是我的目的。

我的寇迪莉婭：

城裡有一户小家庭，住著一個寡婦和她的三個女兒，女兒之中有兩個去皇家餐廳學習烹飪。夏季的一個午後，大概五點鐘，客廳的門輕輕打開，有人悄悄掃視了一眼。客廳裡只有一個女孩坐在鋼琴邊。因爲門稍微開著，外頭的人可以聽見，但不會被發現。

彈琴的人並不是專業的演奏家，否則前門自然就要關上。那個女孩彈奏一手瑞典小調，訴說的是青春與美麗多麼短暫，歌詞好像在嘲弄女孩自己，但女孩的姣好也不甘示弱反唇相譏。女孩和歌詞，究竟哪一邊說得對？旋律沉鬱，彷彿這爭端得交由哀傷做出最後裁決。然而哀傷本身就是個錯誤啊！青春與愁思之間有何關聯？早晨和黃昏難道並肩而行嗎？琴音顫抖，混亂得難以分辨彼此。

親愛的寇迪莉婭，妳爲何如此生氣、如此激動！

一件事情必須過去多久才能進入回憶，又要多久時間才不會陷入渴望糾結？多數人都有極限，太接近當下的事情沒辦法放進回憶，太遙遠的事情又無法如昨天才發生那樣歷歷在目。不過我沒有這種問題，前一天的事情對我而言已恍如隔世，卻在回憶中栩栩如生。

妳的約翰尼斯

我的寇迪莉婭：

我的知己啊，有一件事情我想要告訴妳。除了妳之外，我還可以向誰吐露？難道只能對回聲說嗎？回聲都不一定可以保守祕密。星星嗎？它們太過冷漠。對其他人？他們怎麼會懂呢。所以我只能和妳說，妳知道如何守護我的祕密。

有一個女孩，她比我最深的夢境還要美麗，又比陽光還要純淨，深沉得好像大海，高貴如同翱翔的飛鷹。有這麼一個女孩。啊，請傾聽我，請答應我會記住這個祕密。我愛那個女孩勝過自己的生命。她就是我的一切，凌駕我所有慾望。我對她的渴求掩蓋了所有思緒，因爲所有思緒裡頭都是她。我對她的愛，超過了陽光之於花朵，寧靜之於愁苦，雨水之於沙漠。我對她的依戀勝過母親對孩子的關切，或者靈魂對上帝的傾慕，就好比植物不能缺了根。

我知道妳腦子裡有太多東西在轉，那股沉重蔓延開來，不得不靠妳那上下起伏的酥胸幫忙支撐。我的寇迪莉婭！妳一定瞭解我，完全明白我的心思，什麼細節都不會漏掉吧！我是否還需要拉長耳朵，聽見妳的聲音才可以相信？我還有必要懷疑嗎？妳會爲我保守祕密吧？我應該可以信任妳？據說一些犯了重罪的人會對彼此發誓，保證不漏口風；我告訴了妳等同於我生命的祕密，那麼妳是不是也有同樣深刻又美麗、不可褻瀆，若是我辜負了妳就會受到上天懲罰的高貴祕密要我來守護呢？

妳的約翰尼斯

我的寇迪莉婭：

烏雲密布，彷彿激動的面孔上擠在一塊兒的黑眉。樹海裡波濤洶湧，如同經歷惡夢正輾轉反側。而妳遁入森林，自我眼前消失，即使我在樹幹後面看見與妳相若的女子身影，每當靠近時她又閃躲到另一棵樹背後。妳爲何不肯現身，不肯坦然？我好迷惘，這森林的每個角落看來都一樣，霧氣瀰漫中肖似妳的人影來來去去飄忽不定，可我始終找不到妳。妳隨感官的浪潮不斷飄移，但我只要捕捉到一個相像的幻影就心滿意足。究竟爲什麼？是因爲妳的內在太過豐富，還是因爲我的心靈太過貧瘠？愛妳，就等於愛上整個世界嗎？

妳的約翰尼斯

假如可以將我和寇迪莉婭之間的所有對話逐字記錄下來，其中一定有很多值得玩味的地方。可惜這不但做不到，就算做得到，若非身處在對話當下的情境，也就無法眞切感受到當時的意境氛圍，還有彼此的訝異和感動，那些才是話語的神髓。通常我並不刻意做準備，否則談天就成了演戲，更何況這是談情說愛，照劇本演出會失去味道。不過我一直牢記自己寫過的文字，有適當機會就對寇迪莉婭的感性施予刺激。想當然耳，我不能直接開口問她是否仔細讀過信，甚至我從未堂而皇之提起寫信這件事，一直以來我只是引導對話與信箋之間的連結，有時加深她的印象，有時故意製造矛盾，令她困惑不解。覺得迷糊的話，寇迪莉婭就會重讀一次、兩次，建立新的印象。

我察覺得到寇迪莉婭內心世界起了變化，如果要我給個觀察評論，我會說她目前心地與天地合一，所以堅強勇敢。從她的表情可以明顯看出改變：大膽無畏、充滿期望，隨時要迎接奇跡。如同瞭望遠方的目光，她的眼神超越塵世，看見另一個世界。然而在那份幾近魯莽的勇敢和期盼背後，不是自信在支撐她，她所懷抱的是夢與祈求，態度絕非傲慢且頤指氣使。寇迪莉婭追尋自身之外的一個驚奇，爲此她不斷禱告，認爲憑一己之力絕無可能實現。必須設法調整她的心態，否則我會太快占上風。

昨天我們談到一件事：她覺得我的性格之中有一個帝王。也許這句話暗示了她願意順從。但萬萬不可。寇迪莉婭，妳說得沒錯，我的天性之中存在一位帝王，但妳還沒看清我治理的疆土是什麼樣貌。在那裡，呼嘯的風暴都是動人的情緒。一如艾奧盧斯[38]，我將狂風關在人格的群山之間，它們只能輪流出來遛達。奉承的話語可以幫助她增長信心，區分自己和他人的領域，而我什麼也不爭。不過使用奉承得小心，有時候置自己於高位但又將對方捧得更高，有時候則不得不降低身段。前面那種做法適合耕耘理性，後者則適合培養情慾。

她是否虧欠我？完全不。我希望她虧欠我？完全不。我是個有眼光的鑑定師，明白情慾的眞正價值，所以不會有那種可笑的念頭。要是走上那一步，我會竭盡所能消除她的記憶，順便催眠自己忘記一切。每個年輕女孩的內心都是座迷宮，她們像阿里阿德涅[39]，手中握著可以找到路的絲線——只不過她拿在手上，卻還沒意識到如何使用。

我的寇迪莉婭：

妳開口，我就會遵從。妳的慾望是命令，妳的要求是魔咒，妳每一個稍縱即逝的念頭都是對我的恩賜。我不是一個隨侍在側、獨立於妳之外的個體，而是隨著妳的指令，與妳的意志一同從無到有。我的靈魂只是一片混沌，需要妳的話語才存在。

我的寇迪莉婭：

妳明白嗎，我很愛與自己對話，因爲我是我認識的人裡頭最有趣的一個。有時候我擔心會找不到能與自己聊的話題，但現在沒有這種顧慮了，因爲有妳。我可以不斷聊著妳，現在到永遠，這麼一來我就能與最有趣的人聊最有趣的話題。唔，我是有趣的人，而妳是有趣的話題。

妳的約翰尼斯

我的寇迪莉婭：

對妳而言我似乎一下子就傾心了，於是妳不免懷疑，也許我以前有過很多經驗。有一些手稿，經過專家鑑定以後，發現裡面的古文被篡改爲荒唐的內容，但只要以化學物

妳的約翰尼斯

38 譯按：希臘神話中的風神，將兒子（不同的風）囚禁在孤島的山洞內。

39 譯按：出自克里特島牛頭人與迷宮的神話故事。

質進行清理，就能除去後人的無稽之談，留下清晰明確的眞跡。我們也一樣。透過妳的眼睛，我才眞正找到了自我中的自我，刪去了與妳無關的所有雜亂，看見最原始的純淨聖潔，也明白我對妳的愛其實與自身的存在一樣古老。

妳的約翰尼斯

我的寇迪莉婭：

若一個國家裡的人自相爭奪要如何站立？而我若與自己起了衝突又要如何面對？爲什麼會有矛盾，是因爲妳。想到我愛妳，應該心靈平靜，但我怎麼平靜得下來？兩個聲音輪流訴說這份愛有多麼熱烈深刻，一邊說完了，另一邊立刻開口。要是與我自己無關，是另一個人有勇氣愛妳又努力克制自己的愛意——兩椿重罪——那麼我何須介懷。問題是，這紛擾在我心中延燒，彼此爭鬥，不眠不休。

妳的約翰尼斯

——

就這麼離開吧，漁家小姑娘，躲進樹林裡頭、背起木柴，彎腰的姿態多麼適合妳。

是的，此刻妳正展現出天生的優雅，彎下腰提起撿拾回來的柴薪。要妳這樣美麗的人背負重物眞是暴殄天物！明明妳就像個舞者，肢體藏不住韻味，那副柳腰、那對豐胸都還大有可爲，任誰都會同意這點。在妳看來可能不重要，覺得自己和所謂上流仕女無法相比，但是女孩啊，妳不明白在那個世界裡面藏著多少虛假！所以帶著木柴進林子吧，樹林廣闊綿延，應當連接到那片蒼藍山脈的邊境。

會不會其實妳根本不是漁家女，而是一位受詛咒的公主，被山裡的精怪給奴役，才淪落到林子裡撿柴？童話故事裡常有這樣的情節。否則妳爲什麼走向森林深處呢？如果來自漁家，不是應該帶著柴薪從我身旁掠過，步向另一頭的村莊才對？進林子去吧，就算小徑蜿蜒曲折，我的眼睛依然找得到妳。若妳轉身看看我，就會發現我的視線已經纏繞著妳。但妳動搖不了我分毫，若只是渴望，不足以將我拉走，所以我靠著欄杆抽菸。下回吧。

唔，妳微微轉頭，朝那水手露出頑皮眼神，步履輕盈充滿暗示。我懂了，原來妳是尋找樹林深處的僻靜，除了樹木的低語以外只剩寂靜。妳看看，連天空也想助妳一臂之力，太陽躲進雲朵後面，枝椏底下幽暗如拉上遮簾。再會了，美麗的漁家女，好好照顧自己！也謝謝妳帶給我的一切。如此美妙的瞬間、如此充沛的情感，雖不足以要我挪動腳步離開欄杆邊，但是已經撩撥起我內心的圈圈漣漪。

雅各與拉班商量自己的職責與酬勞，最後雙方同意由雅各照顧白綿羊，回報就是生下的雜色綿羊歸他所有。之後雅各在水槽中插上樹枝，使羊群不斷望向他。[40]我也一樣出現在各處，寇迪莉婭不得不看見我。她心裡覺得這代表我很殷勤，但我卻清楚：其實是她漸漸對其餘人事物失去興趣，滿腦子只期待著下次與我的接觸。

我的寇迪莉婭：

我怎麼可能忘得了妳！但如此說來，我的愛難道只是個回憶？不，即使時光拭去一切痕跡，連記憶本身也不復存在，我們之間的聯繫卻生生不息，我也絕對不會忘記妳。我怎麼可能忘得了妳！但我又該記住什麼呢？爲了記住妳，我已經忘記了自己；想要記起自己，就得先忘記妳。然而在我記得自己的瞬間，我也就會想起妳啊。我怎麼可能忘得了妳！究竟該怎麼辦呢？有一幅古畫是阿里阿德涅從長椅跳起，急切望向一條揚帆遠去的船隻，丘比特在女孩身邊，他鬆開弓弦、伸手拭淚。阿里阿德涅背後有一位長著翅膀、戴著頭盔的女性，一般認爲那是復仇女神。但想像一下，若對這幅圖畫稍微做些變更，丘比特不流淚了，他拉緊弓弦——若我的心思糊塗瘋癲了，難道就會減損妳的美麗、妳的勝利？想像愛神微笑著拉弓，同時復仇女神也沒有閒著，她同樣準備射箭。原本那幅圖畫的船上有個男子忙於工作，一般認爲那是忒修斯；在我這幅畫裡，他則是站在船尾朝岸上張望，神情充滿渴求。他張開雙臂，已經悔悟，或者更正確地說，是他已從瘋狂中痊癒，然而船卻載著他遠離。愛神和復仇女神雙雙瞄準、放箭，命中同一處。我們清楚明白，箭射在他心上，象徵了愛，也象徵了復仇。

妳的約翰尼斯

我的寇迪莉婭：

有些人說我是與自己相愛。我不意外，畢竟如果我愛的只有妳一個人，他們如何察覺原來我能夠愛別人？他們如何能夠意識到我愛的其實只有妳？我確實是與自己相愛。

40 譯按：聖經《創世記》30:31。

爲什麼？因爲我愛妳，因爲我愛的只有妳，以及與妳有關的一切，而我屬於妳，所以我愛我自己。如果我不愛妳了，那麼我也不再愛我自己。在世俗眼光中，這是個極度自我中心的概念，可是妳的心靈未受玷汙，一定能看見最純粹的愛情，而世俗眼光中最庸俗的自我保護，在妳聖潔心靈中也是最崇高的自我毀滅。

妳的約翰尼斯

原本最大的擔憂是過程曠日廢時，沒想到寇迪莉婭的進度十分之快，所以爲了保持她的繼續成長，必須實行下一階段的計畫。最重要的莫過於維持她的活力——在她抵達最後期限前。

——

戀愛的人不走大路，結婚的人才踏在國王大道中間。若是兩人處於戀愛中，從諾德堡出發，就會避開伊斯隆湖畔的路；雖然那只是一條狩獵小徑，但終究是其他人開闢出來的，而戀人們想要走自己的路，於是深入格里布森林。[41]愛侶們手攬著手、心連著心，往事中朦朧的喜悅和痛苦一一雲開霧散。沒有旁人，只有這棵漂亮的櫸樹爲愛情做見證。回憶栩栩如生：你們在它的枝葉下第一次告白、第一次牽手、第一次摟著對方跳舞。天快亮了，即將分離，發生的一切你們自己都不敢相信，更遑論記得要對方給個誓言。

種種愛的排練，聽了使人心中幸福滿溢；戀人跪在樹下，宣誓至死不渝的愛，神聖的儀式以初吻作結。這是個値得在寇迪莉婭身上好好培養的情緒。只有櫸樹見證。樹木是非常好的見證者，但終究太微不足道，於是你倆想到以天空爲證，偏偏天空又太虛無縹緲。事實上，還有一個人可以幫你們作證：我是不是該站出來，讓你們看見？不，要是他們認得我，這遊戲可就結束了。還是隔遠一些再現身，只是提醒他們知道還有別人，但這樣也沒有多大意義，他們的祕密只存在緘默中。當然，前提是我願意這麼做。他們受制於我，我要拆散他們輕而易舉，因爲我知道他們兩個人之間的祕密。但我怎麼會知道呢？只有從他們口中才能得知。但從女孩那兒問得出來嗎？不可能，所以一定是男人說的。張揚這種事情未免太可鄙。沒錯！不過這麼做好像有些惡毒，我再考慮看看

41 譯按：位於哥本哈根西北方，是丹麥最大的森林。

好了。倘若女孩給我深刻印象，又是個好的印象，那也沒辦法了。

我的寇迪莉婭：

我若陷於窮困，妳便是我的財富；我若身處黑暗，妳就是我的光明。我一無所有，但也別無所求。我怎麼可能擁有什麼？連自己也沒有的人還能擁有什麼呢？雖然不能擁有，也一無所有，但是我像個孩童一樣快樂，因爲我屬於妳。我已經不存在了，只因我爲妳而存在。

妳的約翰尼斯

我的寇迪莉婭：

「我的」這個詞究竟代表什麼？其實它的意思不是什麼屬於我，而是我屬於什麼、什麼容納了我，是我的歸屬。就像「我的上帝」並不代表上帝歸我所有，而是我屬祂所有，類似的還包括我的故鄉、我的家、我的責任、我的渴望和希望等等。「不朽」這個概念以前並不眞正存在，但想到我屬於妳，自然的定律也不足爲懼。

我的寇迪莉婭：

我到底是什麼？是宣揚著妳凱旋而歸的傳令小卒，是妳飛揚時支持著妳的配角舞者，也是妳飛得累了的時候可以休息的枝頭，更是爲了襯托出高音清亮而存在的低音——我到底是什麼？我是大地的引力，將妳強留在地面。我到底是什麼？是身體，是物質，是大地，也是塵與土。而妳，我的寇迪莉婭，妳才是精神，是靈魂。

妳的約翰尼斯

我的寇迪莉婭：

愛是一切。對於在愛中的人，萬物失去其本義，必須透過愛的詮釋賦予新意。所以訂了婚的男人忽然喜歡上另一個女孩，他覺得自己是罪人，未婚妻也大發雷霆。但妳不同，妳瞭解自白出自於敬重，也深知我根本不能愛上別人，因爲對妳的愛是照亮一切的源頭。我若喜愛別人，並非爲了證明我喜愛的不是她而是妳，因爲那麼說未免太過荒謬；我若喜愛別人，是為了證明我的靈魂之中充滿了妳，所以生命得到另一層含義——成為追逐妳的一個神話。

你的約翰尼斯

我的寇迪莉婭：

我被愛情腐蝕，只剩下聲音。我連聲音也愛上了妳，無論妳到哪裡都會聽見我愛妳。唉，妳會不會聽得厭煩呢？它無所不在，就像我不斷思念的靈魂，百轉千迴纏繞妳那純潔深沉的生命。

妳的約翰尼斯

我的寇迪莉婭：

有個故事是說河流愛上了少女，而我的靈魂就是愛上妳的一條河。有時候水面平靜，映出妳的形影，有時候為捕捉妳的影像而掀起波瀾，還有時會吹出漣漪只為了賞玩妳的倒影。偶爾河流失去了妳的蹤跡，在絕望中渾濁湍急。我的靈魂，就是愛上了妳的這樣一條河。

妳的約翰尼斯

說實話，不必非凡的想像力也想得出更便利、更舒適，最重要是符合身份地位的交通工具。搭乘運煤的拖車？或許很引人注目，但不是好的方式，可惜若碰上緊急狀況，也只能心存感激地接受了。

妳在鄉間走了好一段距離才上煤車，過了一哩路都沒出什麼意外，直到兩哩路也還平順，於是妳心裡覺得安穩踏實，甚至暗忖從這高度望出去的景色，其實比起平日在馬車上所見的更別緻。三哩路過去了，誰料到在這種鄉下地方會遇見來自哥本哈根的人？不過，他就是哥本哈根人，妳也注意到了。那個男人不是鄉下地方出身，氣質態度截然不同，果斷又機靈，觀察敏銳還帶著一抹諷刺的笑。我說女孩兒，妳那位置不怎麼舒服吧，看妳的表情好像坐在碟子上一樣難受。畢竟拖車空間有限，沒有地方給妳好好放腳。但話說回來，這只能怪妳自己，我的馬車不是任妳使喚嗎？明明我這兒有舒服的座位，還是對妳而言坐我身旁就不自在？即便如此，我願意騰出空間，自己坐到車伕旁邊啊，一樣可以送妳到達目的地。

妳戴著草帽，卻擋不住旁人的視線，就算低頭也沒用，我依舊欣賞得到妳優美的側臉。那些工人看見我就愛鞠躬，不是很煩人嗎？但沒錯，工人看見有身份地位的人是該行禮。妳打算就這樣離開？唔，前面確實有間酒館還是驛站，運煤工人像是朝聖那樣忠實報到。該是處理掉他的時候了，我很清楚怎麼打發煤礦工，只是不知取悅妳會不會也一樣簡單！

他肯定拒絕不了我的邀請，也抗拒不了我的請求。就算我說話沒用，還有僕人幫我。於是這會兒工人進去酒館了，拖車上只剩下妳一個人。不知道到底是怎樣的少女？是中產階級的小姐，還是教區牧師的女兒？若是牧師的女兒，有這種動人美貌和高貴衣著可叫人深感意外，看來父親的收入不差才對。我這才想到：會不會她出身名門貴族，只是厭倦了奢華馬車，所以單獨出一次門，深入鄉間來場小小冒險？不無可能，也聽說過類似的事情。結果那個工人什麼都不知道，只懂得喝酒。很好，繼續喝吧，先生，你儘管喝，其餘事情就別操心了。

仔細一看，這可不是傑斯帕森小姐嗎？韓辛・傑斯帕森，父親是個大商人。老天啊，其實我們認識，以前在寬街遇見過，當時她乘車要回家卻打不開車窗，我戴著眼鏡隔著一段距離觀察，心裡覺得有趣。場面很是困窘，車裡東西多，她自己挪不動，但又不願意大聲喊人幫忙。當然，今天這情況更是尷尬。看樣子我們注定要相逢，這緣分不是很明顯嗎？這位小姐一定天性爛漫，是自己溜出來的。我的僕人帶著煤礦工走出來，工人酩酊大醉，模樣可鄙。這些工人活得眞狼狽，但世上還有人境遇更差。

我說妳這不就陷入兩難局面嗎？除了自己駕車，沒有更好的辦法了，這可眞是爛漫極了！於是妳拒絕我的提議，堅持自己駕駛技術很好，但妳騙不了我，我看得出來妳在這方面本領有多少。可想而知，沒幾步路以後妳會跳下車，藏身在旁邊樹林裡並不是難事。我會上好馬鞍，騎在妳後面跟著。妳看看，我準備妥當了，妳不必擔心碰上壞人。好吧，妳何必這麼慌張，我回去就是了。一開始我就只是想要妳稍稍驚恐，因爲那神情能增添妳姣好面容的韻味啊！反正妳也不知道工人是被我灌醉的，加上我絕對不會對妳有隻字片語的輕慢，因此事情尙可和平落幕，甚至妳最後會一笑置之。

上次那件事情就算是我們扯平了，我可不是喜歡占女性便宜的那種男人，而且我最重視自由，若非人家自己給的，我說什麼也不強求。「想必妳很清楚，現在這樣哪兒也去不成。我本來要打獵，所以騎馬出來，馬車還留在前面那間酒館裡。如果妳需要就儘管吩咐，任何地方我都能送妳過去。至於我本人……很遺憾，沒有餘裕陪同護送，這次狩獵是和別人約好的行程，我分不開身。」

於是妳接受了。這不就沒事了嗎？何必爲了與我二度相逢而感到難爲情。羞赧雖然適合妳，但過度了可就不美。整件事情付諸一笑即可，記得偶爾想想我，這是我唯一要求的回報。如此渺小，之於我卻完全足夠，因爲它只是個開端，而我最珍惜的就是一開始。

——

昨天在寇迪莉婭姑姑家裡有場小聚會。我知道她會帶著編織工具包，所以在裡面塞了一張紙條。紙條掉出來，她趕緊撿起，神情變得十分惆悵。不可錯過的好機會，不可思議的好結果：只不過一張字條，在這種情境下匆匆一瞥，她竟然在意到這地步。寇迪莉婭沒找到空檔可以和我說話，因爲我事前故意安排好要送一位女士回家。她只能等待，等到了今天。這是個很好的練習，可以將意象深植於她的靈魂；以往看來我比較在意她的心思，但也因此取得優勢，現在輕而易舉便能挑起她的驚奇。

男女之愛有其獨自的辯證模式。曾經我喜歡過一個女孩，然後去年夏天在德勒斯登，我遇到一位與那女孩相當相似的演員。爲此我設法結識那位女演員，接觸以後才意識到她們大有分別。今天在街上，我看見有個女士與那位女演員也很像。這段故事要延伸多長都行，要多長有多長。

無論寇迪莉婭身在何處都受到我的思緒纏繞包圍，好像我安排了她的天使守護。維納斯的車子由鴿子拖曳，寇迪莉婭坐在氣派的車上，我的思念化爲鳥兒在前方振翅。坐在車上的她笑得像個孩子，又彷彿是一位全知的女神，而我只能隨侍在側。少女永遠是大自然造出的最值得敬愛的存在！世上無人比我更曉得這個道理。可惜的是，光彩存在得短暫。她對我微笑、向我打招呼、又揮了揮手，看上去簡直是個小妹妹。不過當我投以一個簡單眼神，她便心領神會，想起自己終究是我的愛人。

男女之間的情愛有很多層級，而寇迪莉婭進步的幅度很大。她坐上我的大腿，那對臂膀柔軟溫暖地環著我的頸子。女孩的身體如此輕盈，幾乎毫無重量地倚在我胸口，曲線若有似無地撩撥著。她如花般豔麗，又如絲帶那樣飄忽纏繞，眼睛藏在睫毛底下，光滑的胸口潔白似雪，閃亮得我難以直視。要是少了那股上下起伏，我的視線彷彿會攀不住而掉落下來。這悸動代表什麼？是愛嗎？或許吧。也可以說是愛的預感、關於愛的美夢。現在這份愛欠缺一點動力。寇迪莉婭深情擁抱，好像雲朵包覆在我身旁，但同時又淡如風、嫩似花。她給我的吻像天空親吻大海那般縹緲，像露水親吻花瓣那般靜謐，也像海水親吻月亮倒影那般肅穆。

至今她表現出的激情，在我眼中仍屬天真爛漫，必須等到轉捩點來臨，也就是我眞的後退了，她才會掏出心裡所有，只爲將我留下。到那階段，除了情慾，寇迪莉婭別無他法，而且不免提升到截然不同的層次：爲了對付我，她勢必得將情慾當做武器，而我則能得到昇華的激情。她要爲自己奮鬥，她知道我有情慾，想征服我就必須努力。而爲了達到目的，她必須提升自己的情慾。以往我透過誘導和刺激，教會她如何感受，之後則透過冰冷淡漠，再度教育她如何理解。過程也一樣，要做的彷彿是她自己領悟的，於是她想讓我驚喜，還以爲在膽量上更甚於我，以便能擄獲我。寇迪莉婭的熱情被點燃，變得更爲具體、活躍、堅定，還符合邏輯，親吻時更投入，擁抱時毫無猶豫。她從我身上看見自由，我纏繞她越緊，她的自由就越寬闊。最後勢必會解除婚約，接著她也需要休息一陣子，免得在情緒的洶湧波濤中有了不智之舉。等到她的情感再度豐沛，就完完全全屬於我。

還記得當初我必須透過可憐的艾德華，迂迴地決定寇迪莉婭要閱讀什麼書籍。而現在我自然可以直接干預了。所以我挑了自己覺得最有養分的神話和童話故事。當然，如同其他領域一樣，其實寇迪莉婭享有充分的自由，我是經由聆聽她說話來學習關於她的一切。要是還欠缺什麼，便由我親手栽種。

夏季時女僕們去了鹿園遊玩，其實那兒也沒有多好玩，不過她們一年就去這麼一次，所以心裡還是相當盼望，也爲了這場合拿出帽子披肩將自己打扮得與平日迥異，然後找些瘋瘋癲癲、不甚優雅、甚至略嫌淫蕩的樂子。這個時節我比較喜歡腓特烈堡公園，女僕們在週日下午也會過去，不過在那裡她們表現的體面許多，尋歡作樂的方式也較安靜有教養。

男人若因爲女性是僕人就沒了興趣，失去的將比你以爲的要多很多，畢竟她們可是丹麥最美的軍隊。我早就想過如果自己成爲國王會怎麼做——閱兵的時候才不看無聊的一般官兵。而若我是哥本哈根的市議員，也會立刻提出動議：我們應該成立委員會來督導規畫，必要時採取獎勵手段，總之全力鼓吹女僕們穿著更有信心也更具品味。她們明明有美貌，爲何要白白浪費？難道活該一輩子無人欣賞？至少每週也該有一次機會可以好好打扮才是！但是也不能亂打扮，品味是最高指導原則；女僕不必看來與貴族仕女雷同，就這結論我很同意《警友日報》[42]的說法，只不過報紙給的理由說不通。假如女僕的穿衣品味能夠提升，對於好人家的女兒不也是正面教材嗎？總不會只有我期待丹麥能在這條道路上開創新局？倘若我有機會見證那樣一個黃金時代到來，我會毫不猶豫進入大街小巷一飽眼福！看看我的志向多麼遠大，對這個國家又是多麼有心！只可惜我很清楚自己還在腓特烈堡公園，一個女僕們也來到此處的週日午後。

最先看到的是農家姑娘與她們的情郎手牽手一起散步，再不然就是女孩們彼此勾搭著走在前面，男人們只能跟在後頭。這是最常見的光景，她們總是駐足於涼亭前面的廣場四周，在樹下或站或坐，模樣健康活潑，不過身上顏色對比太過強烈；無論膚色或服裝皆然。往裡面一點，看得見來自日德蘭半島以及菲因島兩地的女孩，她們比較高挺，骨架略顯過大，穿衣風格則是太過混亂。若眞的成立委員會，一定要加強輔導。博恩霍爾姆島的代表團沒有缺席，她們廚藝天分高，所以不管在餐廳還是腓特烈堡這兒都不怎麼好相處，性子帶著難以親近的倨傲，也因此使風景有了更多層次；雖然我沒有與她們近距離接觸的經驗，卻也不希望少了這麼有特色的成員。

接下來則是菁英部隊，也就是來自尼博德的女孩，她們沒有那麼高，身形較爲豐滿圓潤，膚質光滑細緻，個性則爽朗伶俐，愛講話卻又有點害羞，最重要的是她們沒有戴帽子這種風俗。尼博德的女僕們穿著與貴族仕女相仿，但有兩個地方不同：她們不披披肩而是圍圍巾，再來當然就是不怎麼愛戴帽，最多就是小軟帽，通常頭上也沒有多餘的東西。

啊，妳好啊，瑪莉！想不到在這兒遇上，我們好久沒見面了，妳還在議員家裡做事嗎？「嗯。」那裡環境應該不錯吧。「嗯。」但妳怎麼一個人，竟然沒和朋友或者男朋友同行。他今天沒空是嗎，還是正等著妳呢？怎麼可能，妳還沒有訂婚？太不可思議

42 譯按：丹麥第一份報紙，於一八三七年曾報導過女僕穿著華麗如貴婦的怪象。

了，哥本哈根最漂亮的女孩子，又在議員家裡幫傭，還懂得如何打扮得樸素中帶有奢華，簡直是女傭的模範啊！妳那條手帕質料好，看起來真精緻，而且角落是不是有刺繡？我猜猜，價值十馬克，很多高貴的女士都未必有這樣貴氣的配件。然後是法國來的手套以及絲綢雨傘。這樣盛裝的女孩子，結果卻還沒有訂婚，實在令人匪夷所思。如果我沒記錯，詹斯不是挺中意妳的嗎？妳知道我說的是誰吧，那邊三樓的商人兒子詹斯啊，我沒記錯吧？你們沒有訂婚嗎？詹斯人很英俊，現在生意也做得不差，以後說不定還可以擔任警官，你們也算是很適合的一對，是不是妳說錯了什麼？還是妳對他不夠好呢……「不！是我發現了他以前和另一個女孩訂過婚，而且對人家很差勁。」我沒聽錯吧，誰會想得到詹斯是那樣的男人？唉，這些當衛兵的，怎麼總是不可靠。妳沒做錯，像妳這麼好的一個女孩子，當然不可以隨隨便便嫁出去，我保證妳會找到更適合的對象。話說朱莉安娜小姐還好嗎？我也很久沒有見到她。最漂亮的瑪麗小姐，麻煩告訴我幾件事情吧——妳嘗過愛情的苦，所以更能感同身受才對。不過這兒太多人了，我不敢亂張揚，免得被人聽見……最漂亮的瑪麗小姐，請聽我說，前面林子很茂密，外人看不見我倆，聲音也傳不出去，都被音樂演奏蓋過了……在這裡我就敢說出心事。如果詹斯是個好男人，妳今天就會攬著他的手在這兒散步、聽音樂、甚至會……怎麼不開心了呢？好吧，不提詹斯了。別待我這麼不公平呀？我來這兒，當然是爲了見妳；我去議員家裡，不也就是爲了見妳嗎？妳早就該注意到了吧，每次一有機會，我就急忙竄到廚房門口，不是嗎……妳會成爲我的，教堂裡會有人宣讀結婚誓詞，明天晚上我就將一切解釋清楚——在廚房門口對面，樓梯左邊那扇門……那麼再會了，親愛的瑪麗，記住不要對誰提起在這兒見到我、與我講過話，妳已經知道我的祕密了。

眞是個可愛的女孩，可以好好欣賞一番。要是進了她房間，我就自己宣讀結婚誓詞也罷。我早就嚮往希臘古人的自足理念，牧師尤其多餘。

眞希望寇迪莉婭在讀我寫給她的信時，我可以站在她背後，這樣一定很有趣，而且我就能知道哪些內容會激發出她最多的情慾。總而言之，書信依舊是打動女孩芳心的無價之寶。雖然信上字句是死的，卻比活生生的言語更有影響力，因爲書信是祕密交流，接收訊息時全然自主、無須面對別人，也就少了許多壓力。我認爲年輕女孩最需要也最

喜歡這樣的獨處，一個人面對幻夢，尤其情感洶湧的時刻。

即使女孩會在生活中盡量找出貼近夢的形象，她們仍舊不時感到美夢的廣闊可能性有許多無法成眞，所以她們需要隱密的儀式做爲補償。不過使用書信時要小心，記得將女孩拉回現實，要的是她們恢復精力、變得更加旺盛，若讓她們心靈疲憊就適得其反了。書信最大的意義在於：女孩進入私密天地時，雖然與寫信的人身處二地，彼此精神卻同存夢中，而書信終究來自於現實中人，所以她們不致迷失在幻想裡。

我會不會其實嫉妒著寇迪莉婭？該死，我的確是。但換個角度看，我沒有！假如她的女人天性遭到擾亂，與我所追求的不同了，那麼就算我得與別人爭奪之後才能得到她，我也只會放棄。

——

古哲人說過：如果一個人仔細記錄各種經驗，即使自己尚未察覺，他也已經成爲哲學家。我身處在訂婚者這群體中很久了，也該有些收穫才對。比方說，我打算收集材料寫本書，書名叫做《接吻概論》，是寫給所有沉溺在愛裡的人。有趣的是，還眞沒有一本書探討過這個主題，要是我寫得出來也算是塡補了長久以來的缺口吧。而之所以沒有與此相關的著作出現，究竟是因爲哲人們不感興趣，還是因爲他們也同樣不懂？

那麼就由我來提供一些方向好了。完美的吻，首先必須透過完美的媒介，也就是一男一女來實現；男人與男人接吻，可說是品味不好，也可說是滋味不好。再者，我認爲接吻的概念應當是男人吻女人多過女人吻男人，而且若隨著時間進展，在關係之中失去誰吻誰的分別，那麼接吻在這段關係裡就失去意義。尋常夫妻的親吻就屬此類，簡直像是因爲手邊沒餐巾，於是拿對方的嘴唇擦一下，還硬要補上一句「謝謝」。倘若年齡差距太大，接吻也不夠理想。我清楚記得在一間偏遠的女子學校裡，高年級學生流傳過一句話叫做「與議員接吻」，想當然耳這五個字描述的絕對不是好感受。怎麼開始的呢？因爲女校長有個姊夫，之前擔任議員，而他利用年紀差距製造自己親吻年輕女孩也不失禮的假象。接吻應該包含特殊而旺盛的情感，兄妹之間的吻算不上眞的吻。同樣地，聖誕節玩遊戲的吻，或者強吻，都不算數。假如失去情感，接吻淪爲形式。而情感則要條件正確才算存在。

若對親吻進行分類，就會找出許多不同的判斷依據。例如可以從聲音來做區分，可惜的是文詞不足，沒辦法呈現出我的觀察心得。甚至我認爲從未有過足夠的狀聲詞，可以形容我在叔叔家裡聽見的千奇百怪的接吻聲。有時像是巴掌聲，有時像是口哨，偶爾很模糊，偶爾幾如爆炸。有響亮的，有飽滿的，有空洞的，還有令人聯想到花布的，不一而足。此外，也可以從觸覺進行區別：根本只是做樣子的、輕輕擦過的，或者密不可分的。再來就是時間，時間這類別底下還有個特殊項目，也是我個人最喜歡的一個，那就是初吻。初吻與後來所有的吻都不同。就初吻而言，其他分類依據也失去意義，聲音、觸感或單純的時間長短不重要，因爲初吻在性質上與別的吻有著莫大差異。很少有人思考這層面，但若完全沒人察覺的話，未免太過遺憾。

我的寇迪莉婭：

所羅門王說過：好的回答就像一個甜美的吻。[43]如妳所知，我實在太喜歡問問題了，有時候因此遭人責難。他們不懂我想問出什麼，只有妳明白，也只有妳知道如何回答，更只有妳可以給我一個好答案——如所羅門王所說，好的答案，就是一個甜美的吻。

妳的約翰尼斯

心靈上的情慾和肉體上的情慾有所不同，直到現在我都專注於寇迪莉婭的內在層面，但又到了轉變的時候，除陪伴之外，得施加更多誘惑，所以我花了許多時間閱讀描寫情愛十分著名的〈斐德若〉篇[44]，內容使我興奮不已，實在精湛，柏拉圖眞是深得情慾精髓。

妳的約翰尼斯

我的寇迪莉婭：

拉丁文裡頭比喻一個專心的學生是懸在老師唇邊。在愛情之中，萬事萬物都是象徵，而且象徵能化爲現實。我應該算得上是勤勉專注的學生？但，妳總是沒說話。

妳的約翰尼斯

43 譯按：聖經《箴言》24:26。「應對正直的，猶如與人親嘴。」

44 譯按：柏拉圖的著作，論愛、修辭術與辯證法。

假如過程不是由我而是換一個人來主導，說不定他會聰明反被聰明誤，不願讓自己也成爲被引導的對象。若一個剛訂婚的人求教於我，毫無疑問他會慷慨激昂地說：「我在愛的不同階段尋覓戀人口中的美好，爲何始終沒有找到。」我的回答則是：「很慶幸你沒有以爲自己找到了，因爲那個理想的形象根本不存在情慾的本質裡，就算只考慮愛情的趣味層面也是如此。情慾本身太過巨大，它所呈現的情境一樣巨大，不可能僅僅透過話語得到滿足。情慾雖然沉靜，但輪廓清晰，一旦出聲就如門農雕像[45]那樣悅耳。厄洛斯[46]總是以手勢示意而不講話，即使開口也只能發出難以理解、僅具象徵意義的樂曲。情慾的情境既不是雕塑，也不是圖畫，兩人之間的愛也一樣，既非雕塑，也非畫像。不過幾乎所有男女交往都是從嘴巴上的閒談開始，從這裡延伸出絲線，另一端繫著婚姻中的喋喋不休。所以奧維德說：『嫁妝即爭吵，而婚姻從不缺嫁妝。』眞要說話，其實兩人之中一方開口也就足夠；交給男人吧，但因此男人也就得有維納斯那條腰帶裡的魔力。她靠什麼迷倒男人呢？動聽的話語，也就是諂媚和奉承。」

但厄洛斯畢竟不是不會出聲，否則在情慾之中就不該有對話。情慾之中的語言交流必須含有情慾的性質，不能與生活的其他層面混爲一談，而且這些交談只能當做休息和消遣，不會是最終目的。這樣的對話、這樣的共同幻想，具備神聖本質，也因此我永遠不厭倦與年輕女孩對談。更確切地說，我可能會對特定的女孩感到疲憊，但對少女這個概念卻永遠有興趣，就像呼吸，人不可能懶惰到不呼吸。與少女的對話就是等待綻放的花朵，連接著大地，但方向不受限制。它自由伸展，最後總如雛菊[47]那樣帶來千萬種歡樂。

我的寇迪莉婭：

「我的」、「妳的」這兩個詞就像上下括弧一樣，把我瑣碎的內容都圈在一起。不知道妳是否也發現了，它們之間的距離一天比一天短？噢，我的寇迪莉婭！括號中間越空就越美，意味也越深長。

妳的約翰尼斯

45 譯按：位於埃及的雕像，古希臘人認為是神話中衣索比亞地方的門農王（黎明女神之子），據傳這座雕像受到旭日照耀時就會發出動人的樂聲。

46 譯按：指希臘神話中專司性愛的神。

47 譯按：雛菊的丹麥文 Tusindfryd 可拆出 thousand delights（千萬種歡樂）的字面意義。

我的寇迪莉婭：

擁抱不也是一種互相對抗嗎？

妳的約翰尼斯

平常寇迪莉婭的話不多，這是我欣賞她的特質之一。正因她女人味十足，反而不會故意嗲聲嗲氣惹人厭，那樣子講話連男人也會變得娘娘腔。然而有時候只消簡單一句話，就能顯露出她內心藏著多少思緒。這時候我便能幫上忙，就好像一個人在畫畫時匆匆下了幾筆帶出結構，若背後有個人協助補上細節，畫面就會栩栩如生。她雖然覺得壓抑，卻仍舊認爲一切發自內心，所以我小心看顧著她，把握每個適當的機會，在看似隨意的對話中，給予的回應卻有深奧含義。寇迪莉婭似是領悟什麼，卻又說不出到底領悟了什麼。

今天我們參加了一場宴會，途中沒什麼時間交談。要離席時，一個僕人走進來，告知寇迪莉婭外頭有人帶了給她的信。其實那是我派去的，信上提及我在席間的言談。我一開始就刻意將那話題帶到餐桌上，寇迪莉婭的位置雖然與我有距離，但想必聽得見，也因此一定會誤解。這封信在考量所有條件後寫下，倘若計畫有了差錯，我也做好安排，可以親自取回，不送到她手中。寇迪莉婭回到宴席上，對其他客人稍微搪塞一番，不過心裡那股愛情的私密又多奠定了幾分。少了這種感受，她就無法走在我預備好的道路上。

我的寇迪莉婭：

有人說只要將頭枕在妖精的土丘上[48]，就可以在夢裡見到妖精。妳是否相信呢？故事真偽我並不確定，但我可以肯定的是：如果我枕在妳的胸口，不要閉眼，那麼一抬頭就會看見天使。也有人說躺在妖精的土丘上，一定無法入睡，妳相不相信？這一點我同樣不清楚，但我知道：如果躺在妳胸口，我內心將太過激動了，完全不會有睡意。

妳的約翰尼斯

48 譯按：歐洲民間傳說認為一些圓形土丘、樹林等等地形是妖精居住之處。

骰子落地（*Jacta est alea*），變化來了。今天我與寇迪莉婭在一起，但是我心裡完全想著另一件事情，無論眼睛耳朵都沒專注在她身上。這個差異在她看來也同樣有趣，值得玩味。在這個階段，我不會直接冷言冷語；然而我離開了，她清楚意識到我變了個人，想必獨處時想起來心就特別酸，情緒來得緩慢卻強烈，能夠滲進靈魂裡。而目前的她缺乏機會表達不滿，偏偏等到她覺得時機成熟時，整件事情已經延宕到無話可說，她只能將種種疑問藏在心底。

寇迪莉婭的不安與日俱增，她再也沒收到信，以前那些情慾的滋補就像斷了糧，連情愛也不斷遭受嘲弄譏諷。剛開始她還能忍耐，但不可能支撐太久的。爲了重新擄獲我的心，她自然而然會模仿我施展過的手段——也就是供給情慾。

就解除婚約這件事情，每個少女天生就懂得如何辯解；明明學校沒有教，但是她們總能頭頭是道，說出自己認爲在什麼情況底下應該終止兩人的關係。在我看來，不如在高年級的考試加入這道題目，雖然據說女子學校裡面考卷上的答案大同小異，我想這一題還是能看見比較多個人見解，畢竟題目本身就適合女性發揮與生俱來的敏銳。女孩子不也該得到機會，用最耀眼的方式來展現智慧嗎？而這道題目不就證明她們確實身心成熟，足以與人締結婚約？

有個經驗十分有趣：某一天我拜訪某戶人家，結果家長不在，反而兩位千金請了許多同性朋友到家裡做客喝茶。在場一共八位小姐，年紀在十六到二十歲之間，她們原本沒料到有其他客人，甚至事前吩咐女傭對外宣稱家中沒人在。我直接進了門，所以女孩們大吃一驚。這種年紀的女孩子，八個人聚在一塊兒，到底聊些什麼可眞的只有上帝知道。已婚婦女偶爾也有類似聚會，話題除了從牧師那聽的布道以外，都是些瑣事，比方說何時能讓女僕自己去市場、在肉攤那兒預放一筆錢方便、還是每次付現才安心、家裡廚子有沒有對象、怎樣不讓廚子因爲談戀愛就手腳不俐落等等。

我很幸運地與八位年輕小姐同席。還記得那天是初春，稀稀落落的陽光預告溫暖即將到來。由於屋內擺設還停在嚴冬，顯得外頭的太陽像是裝飾品。咖啡香味四溢，女孩們心情雀躍，每個都健康紅潤，加上笑得開懷，眾人原本的焦慮一掃而空。說眞的，她們本來就沒什麼好怕的，八個人加起來，力氣也不輸我一個男人呀。後來我慢慢引導話題，希望她們告訴我：什麼情況下應該毀棄婚約？

言談間，我的眼睛享受著被花朵環繞、在每片花瓣之間飛舞的樂趣，耳朵沉浸在她們發出的流暢旋律中，至於我的精神則專注在少女們究竟是什麼想法上。常常只要幾個字，我就能夠拼湊出一個女孩的過往經驗和內心世界。愛情眞是一條誘惑的道路，觀察一個人在這條路上走了多遠，實在饒富趣味。我不時扮演煽風點火的角色，以機智、文采和美學塑造出毫無壓力又得體有禮的氣氛，表面上看來輕鬆說笑，但如果我起心動念，隨時能使某位小姐陷入難以脫身的窘境。我掌握這力量，她們渾然不察、毫無防備，只是聊得愜意，我也沒理由濫用自己的地位。於是她們一如雪赫拉扎德皇后[49]，不停地說故事就爲了推遲死期。

有時候我將話題引導得哀傷，有時候稍稍放肆，中間穿插辯證的遊戲。究竟什麼話題比較複雜難解呢？這取決於觀察者的角度。我不斷導入新主題，先說起一個女孩子因爲父母逼迫所以和戀人分手，這個悲劇故事叫她們眼眶泛淚；接著又提起有一個男人也悔婚，提出的兩個理由是女方個子太高大，加上他自己也沒有跪在地上表白過。而我向那個男人說：「這兩個理由絲毫不充分。」但對方的回答是：「爲了達成目的，這兩個理由充分極了，因爲沒人能夠解決。」

緊接著我又提出一個兩難的假設情境：有個年輕女孩毀了婚約，因爲覺得和男方合不來。男子懇求她回心轉意，拿出眞心作爲理由。沒想到那個女孩子說：「如果我們合不來，想法總是不同，那你自然覺得我們合不來。但假如我們合得來，想法應該相同，那你現在不就該和我有同樣感受，覺得我們確實合不來嗎？」

幾個女孩聽完故事腦袋轉不過來，但我注意到其中兩位立刻就明白了。畢竟女孩子生來就懂得如何以詭辯來解除婚約，而我也相信若要爲解除婚約這件事情討價還價，女孩子能發揮的功力比地獄的魔鬼還高深。

———

今天我和寇迪莉婭在一塊兒，我以迅捷的思緒立刻將兩人聊天的話題帶回昨天，試著挑起她興奮的情緒。「昨天我走了以後才想起來有些話還沒說。」我的方法奏效了，只要我在她身邊，寇迪莉婭就願意傾聽，但只要我一走，她還是會懷疑自己是否受騙，因爲她依舊察覺得出我有些許不同。就在這樣一進一退之中，我慢慢抽身，手法稱不上高明，但是簡單方便，就連寇迪莉婭自己都一時覺得有趣，沒意識到我在榨取她的情愛

49 譯按：指為國王說了一千零一夜故事的皇后。

本質。

恨我無妨，只要也怕我就好。[50]這句話的意思彷彿認為恨與懼是一體兩面，並且以為恐懼和愛無關，殊不知因為懼怕才使得愛更加有趣。我們對大自然懷抱怎樣的愛？不正是心底深處對祂的力量感到恐懼，明白祂的美麗和諧源於混亂狂野，隨時可能陷我們於危機？正是這股焦慮不安使祂顯得如此迷人。愛情也一樣，若要有趣，就得充滿變數。只有輾轉難眠的漫漫長夜可以孕育出盛開的花朵，好比雪白的睡蓮雖然綻放在水面，卻根植於凡人不願觸碰的深沉黑暗裡。

我注意到她在信上會說我是「她的」，但是面對面她未曾有勇氣開口這麼說。今天我先營造了感性親暱的氣氛，要求她以後這麼叫我。寇迪莉婭正要如我所求，卻見我臉上匆匆閃過一抹諷刺神情，於是她將話吞回去，無論我嘴上怎麼講都沒用了。這很正常。

她是我的了。我不學人家抬頭對星空吐露，至少我看不出那些高高在上的圓球為何會有興趣傾聽。我也沒有告訴別人，連寇迪莉婭也不知道。這祕密屬於我自己，只有在最與世隔絕的自我對話之中，悄悄地、喃喃地低語傾訴。

雖然寇迪莉婭想要抵抗，但力道微弱，不過其中的情愛能量卻非常令人讚嘆，看著她沉溺在洶湧激情中，整個人好像放大了——比生命本身還要龐大！閃避起來輕盈，自以爲看見弱點時就進攻，動作熟練了！這是場激烈動盪的風暴，但我如魚得水悠遊自在，她同樣也不因騷亂而失去風采、心緒如麻，仍舊是位美麗的女神。然而她不從天眞純潔或無波寧靜中誕生，而是自情愛的脈動中獲得形象，卻又維持著平衡與和諧。

在愛的戰場上，她已全副武裝，眼神如箭、挑眉是軍令，挺立的前額提供絕佳掩護，那對酥胸書寫出華麗的外交辭藻，張臂擁抱是引誘敵人的陷阱。她的唇、她的頰、乃至於她內心的渴望，都是爲了勝利而存在。寇迪莉婭渾身散發能量，像神話裡的女武神英姿颯颯，卻又有股柔美慵懶加以調和。我不能放任她一直駐足情感巔峰，因爲那裡只有焦慮不安做支撐，時間一久她會墜入谷底。這些情緒發酵得很快，寇迪莉婭會覺得婚約是礙手礙腳的束縛，然後化身爲誘惑者，帶領我穿越世俗的界線。對她而言，那是發現自我。對我而言，則叫做正中下懷。

最近她在言談之中已經表達出對於婚約的厭膩，這些跡象我可不會沒察覺。它們就

50 譯按：*Oderint, dum metuant*，凱撒的名言之一。

是我的偵察兵，深入寇迪莉婭的靈魂，爲我的計畫撒下一張網。

我的寇迪莉婭：

妳對婚約有了怨言，認爲我們的感情不需要受到外在的拘束和阻礙。聽妳那麼說，眞讓我覺得我的寇迪莉婭實在叫人讚嘆、值得欣賞！我倆形式上的結合還在準備階段，就像皮拉姆斯和緹絲蓓[51]之間還有阻隔，加上有旁人想要侵入我們之間的祕密天地。自由只存在於對立中，沒有外人察覺我們的愛，我們的愛才能有意義。任他們以爲我們怨恨彼此吧，那時候的愛才能帶來快樂。

妳的約翰尼斯

婚約即將破裂，還是由寇迪莉婭親手促成，爲的是將我抓得更牢，畢竟散開的頭髮比起綁好的辮子更容易糾纏。如果由我解除婚約，就沒辦法欣賞到她的情慾如何翻天覆地；這不只是美景，也是她靈魂的勇氣的最佳證明，對我來說至爲重要。更不用說，若是由我主動，會影響到日後的人際關係，引來另眼看待、甚至厭惡排擠，即使旁人不明白眞相，也沒看穿這結果對大家都有好處。

許多小姐自己沒能訂婚卻喜歡指責男人是負心漢，她們尚未理解自己處境多麼卑微：愛情這個場域，地位高低與年資毫無關係，而她們一開始就落入候補名單，無論如何努力，前景都不值得期待。還有一些小姐厭倦了平淡的生活，尋求改變的契機，結果迎來失敗的戀愛，還逞強一笑置之，於是面對自己和別人都塑造出受害者的形象，卻又沒有悲慘得能住進女子收容所，結果在旁邊找了房子，鎮日以淚洗面。這種女人也勢必唾棄我。另外還有一種人，她們可能完全受騙、可能被騙了一半又或者四分之三什麼的，反正可以分成很多等級，好一些的能拿出戒指當信物，慘一些的恐怕只是舞會上握過手。聽到我主動解除婚約，這些女子的舊瘡疤可又被揭開了，於是新仇舊恨全算到我頭上，我也只能含笑收下。

對我來說，爲此怨恨我的人，簡直像是祕密情人呢。沒有領土的國王豈不可笑，而這沒有土地的王位還有許多人搶著要，眞是荒唐至極。明明就女性角度而言，我更像是流通頻繁的好當鋪才對。訂了婚的男人只能專注於一個對象，而我這樣的男人出乎意料

51 譯按：神話中的一對戀人，因為家長反對只能透過圍牆上的小洞傳情。

地可以照顧很多女性，不過程度有限就是。總而言之，我不想面對無稽的指控，更希望趁此機會以嶄新面貌接觸人群：其他年輕小姐會對我深感同情、爲我無奈嘆息，只要我也配合演出，必然能夠擦出火花。

——

眞是奇怪，我竟然注意到自己身上出現了徵兆，那是賀拉斯[52]對每個不貞少女的詛咒啊。是一顆變黑的牙齒，還居然是門牙！人就是這樣迷信！但是這顆牙齒可眞令我煩心，一切與它有關的暗示都難以忍受。就算其他很多方面我十分堅強，在這種事情上可就有弱點了，而且隨便一個笨蛋提到與牙齒有關的事，都可以對我造成重創。我試了各種方法漂白，但沒有效果，最後只好學帕爾納托克[53]這麼說：

我日也擦、夜也擦，
卻怎麼也擦不去黑影。

人生有許許多多神祕不可解釋之處，比方說牙齒變黑這種小事，比起任何意外或病痛，更叫我煩惱。我當然可以拔掉那顆牙齒，但那代表我得裝上假牙——假牙是虛僞地面對世界，黑牙是虛僞地面對自己。

——

寇迪莉婭對於婚約如此反感對我再好不過。婚姻現在是、以後也仍舊是一個好體制，雖然其中的乏味之處在於將未來的好處挪到前面先嘗了。訂婚則不同，只是人類自以爲是的荒謬發明，少女一方面受到激情驅使而看輕這約定，另一方面卻不免感受到它的重量，於是從靈魂深處流瀉出的能量如血液般瀰漫全身。

現在要緊的是持續引導寇迪莉婭在這條路上大膽馳騁，才不會看見遠方還有婚姻、身邊還有現實世界。最後，因爲她的驕傲，也因爲她害怕眞的失去我，她便會毀去存在於認知中不完美的男人形象，好抓住超越凡俗的理想類型。我不必太過擔心，因爲寇迪

52 譯按：羅馬帝國時代的詩人。

53 譯按：丹麥詩人奧倫施拉格（Oehlenschläger）作品中的角色。

莉娅在人生道路上本就走得輕盈，與現實連接不緊密，而且我在船上，必要時可以揚帆出航。

對我而言，女性自始至終都能引發源源不絕的靈感，也是取之不盡的觀察材料。雖然無法感受這種層面的人也能平順地過生活，但我想這樣的人無法確實理解審美這個概念。美學之所以神聖崇高，正因爲它極爲單純，只和美有關，換言之只和幻夢、和女性有關。每次想像時我都大受感動：女性的本質像是太陽一樣，朝著無限可能性發散出光芒，光芒經過折射，化爲五顏六色的形容詞，每個女人在王國中都擁有自己的一片土地，她的內外身心都以這裡爲基礎萌芽成長。所以女性的美麗本質可以無限次分割，但每個女人都必須學習與自己的領土和諧共處，否則大自然想透過她展現的美好將會夭折。

欣賞女性之美幻化出的目不暇給和璀璨耀眼，對此我樂此不疲。每個女人既是其中一小塊，卻又同時是圓滿的整體，所以才快樂而美好。她們各有千秋，或許是動人笑靨，或許是淘氣輕睨，還是帶著渴望的目光、微微傾斜的臉龐，有的樂觀快活，有的沉靜憂鬱，也許敏銳，也許壓抑，一些女人戀家，一些女人狂放。她們能用五官說話：誘人的眉、疑問的唇、藏著祕密的額、撥人心弦的捲髮、掩飾心思的睫毛。她們可以跟天一樣驕傲，也可以跟地一樣謙卑，或者如天使般純潔。她們有些羞澀、有些外向，有些慵懶或像是活在夢裡，也有些多愁善感。她們身形曼妙，或豐滿或纖細，無論胸、臀、以至於腳都令人著迷。每個女人都有獨到之處，而且總是不會重複。

我一次又一次觀察，卻只看見這世界的無限可能，然後微笑、嘆息、奉承、追求、引誘、歡笑、痛苦、期望、恐懼、贏了又輸了——最後我只能收攏扇子，赫然驚覺看似支離破碎但實為一體，每個部分都包含著全貌。所以我的靈魂歡欣鼓舞，心跳加速，熱情重燃：這個女孩，這世上唯一的一個，她必須屬於我，上帝大可占有天國，只要我能擁有她就好。我很清楚自己做出什麼選擇，天國也不願意與我分享她，因為若是少了她，天國還剩下什麼呢？虔誠的教徒上了天堂只能擁抱羸弱的影子，他們勢必會大失所望，但那是因為他們沒找到溫熱的心，心的溫熱全部收藏在她的胸中。若是天國只有蒼白的唇、黯淡的眼、無力的胸膛和手臂，那究竟有什麼意義。唇的紅豔、眼的光彩、胸的起伏、手的勻實，嘆息與親吻、顫抖與擁抱——這一切的一切都集結在她身上，而她卻將足夠充滿此世以及彼世的財富，全部揮霍於我。

針對女性，我時常如此思考，結果是我心中產生溫熱，因爲我想像中的女性就是一股溫熱。溫熱在一般人想法中應當是好的，但在我的思維模式下則未定；爲了探索更多，我會發揮自己冷靜的一面，從理性來剖析女性。然而女性應該被放在什麼樣的範疇下去思考呢？是「爲了他人而在」。[54]這句話不能從負面的角度解讀，彷彿既爲自身存有，也爲他人存有。各種抽象思考都一樣，先決條件是我們要盡力避免主觀經驗的介入，否則以現在這個主題爲例，經驗雖然於我有助益，卻也會造成阻礙。無論何時何地，經驗都具備有趣的雙面性，它既有好處，卻又對我們有害。女性是爲他人而存有，我們在思考這一點的時候，要排除以往的經驗，尋找另一個觀察角度，因爲現實生活中我們很少看見女性單純爲他人存有的那一面，也可以說我們無法觀察到一個個體的完整性，她總是在爲己和爲他人之間擺盪。

但是女性的本質就和大自然一樣，是爲了別人而存有的。自然界是爲了他者而存有，這並非純粹的目的論觀點，不是單純描述自然界的某一部分推動了另一部分；整個自然界都是爲了另一個存在而存有，那個存在就是精神。無論放在什麼元素上都一樣，舉例而言，植物的生長與綻放展現出魅力姿態，就只是爲了給人欣賞。同樣地，謎語、手勢、祕密、母音，許多東西僅僅爲了他者而存有。這也解釋了爲什麼上帝創造夏娃的時候讓亞當先沉睡——女人就是男人的夢，聖經也告訴我們女性就是爲了他者而存有。耶和華從男人身上取了肋骨造出女性，若祂當初取的是頭腦，女性雖然仍舊會爲了他者而存有，但是目的和樣貌就會大大不同。女性成爲血肉之軀，與自然萬物合而爲一，自然就是爲了他者存有。女性內心的甦醒源於情慾的觸碰，接觸情慾之前，女性就是一個夢；但夢也分爲兩個階段：一開始愛情夢想著女性，後來則是女性夢想著愛情。

爲他者而存有，女性的特點就是貞潔。貞潔爲了自身而存有，但做爲抽象概念或者具體行爲，其實也就是爲他者而存有。女性的純眞具有同樣的性質，可以說保有兩者的女性還沒有正式的形象：眾所周知，女神薇斯塔[55]沒有形象，所以她代表眞正的貞潔。從審美的角度來看，這種性質的存有嫉妒自身，就像耶和華也是嫉妒的神，於是祂不要自己的形象、乃至於概念存留於世間。看起來是個矛盾——既然爲了他者存有，卻又不

54 譯按：此處的哲學概念為being-for-others，學術中譯為「為他存在」、「對他存在」或「他覺存在」（存在有時亦替換為存有），描述自身成為被觀察者的情況。（關於存在和存有，詳見後述。）

55 譯按：Vesta，天文學上譯為灶神星，名字源於羅馬神話中象徵女性貞潔的女神，以爐灶為代表物，在神話故事中她鮮少參與神或人的事務。

願意給他者看見。然而這一點在邏輯上卻是成立的，邏輯思考的人也不會爲此苦惱，反而深感喜悅；無法以邏輯思考的人才會過分粗糙地以狹隘的認知將其化約爲：爲他者存有，就是爲了我而存有。

女人這種存有（以「存在」描述未免過度，女性並不能透過自身延續）[56]精確地被詮釋爲優雅美麗的，也確實與植物具有類似特質。詩人不就喜歡描述女子如花嗎？其實就連精神層面，女性也與植物有雷同處：她們屬於大自然。唯有從美學的角度看待，她們才會獲得自由。所以在丹麥文裡頭，男性求婚（*at frie*），女性才自由（*frier*）。也就是說，男性求婚的方式正確，女性就別無選擇。當然現實中，女人還是可以選擇是否接受，但若這個選擇是深思熟慮多時的結論，則太不合乎女人的本性。至於男性若被拒絕就會深感羞愧，代表他高估了自己，想要給另一人自由，卻沒有足夠的能力。反諷便出現在這一層關係上：爲他人存有者看似居於主導地位，男人求婚，女人卻可以決定是否接受；明明雙方的認知都覺得是男性征服、女性被征服，結果地位卻對調了。其實這是非常自然的現象，也只有愚蠢昏昧、不解情愛的人，才看不出其中玄機。男女關係的基礎在於女人是實質、男人是反射，女人所做的選擇是有限之中的選擇，男人若不求婚，女性就無從選擇，而且男人問了問題，女人無論選擇爲何都必須給予答覆。由此觀之，男性大於女性，但換個角度，則又無窮盡地小於女性。

「爲他者存有」是純淨的貞潔，當它與另一個「爲自己存有」產生關係，其間的對立展現在矜持上，同時也彰顯出女性身爲「爲他者存有」的特質。絕對的奉獻的反面就是絕對的矜持，而絕對的矜持無形不可見，是萬物依附的抽象概念，但抽象概念並不因此化爲實質。女性特質之中出現殘酷，則是矜持放大至荒謬極限的結果。男性永遠無法如女性一樣殘酷，只要閱讀神話、傳說或民俗故事，就能認清這一點。若要從自然萬物之理中印證殘酷沒有極限，最好的範例就出現在女性身上。各國的故事裡頭都不乏有年輕女子狠心殺害追求者的橋段，即使藍鬍子殺死所有愛過的女人，他並非從殺戮中得到快感，而是從別的來源得到快樂。所以很明確可以看到，他並不是因殘忍而殘忍。還有唐璜，或許他拋棄許多女子，但同樣不是因拋棄得到滿足，滿足來自於引誘，所以仍舊不是抽象的殘忍。

56 譯按：此處存有為 Being，存在為 Existence。在齊克果的著作中，Existence 具有精神面的意義，不是單純物質面的存續。

我越認眞思考，越覺得我的理論與實務完全一致。在我親身實踐的過程中，我也堅信女人就是爲他者而存有。而對於爲他者的存有而言，時間極其重要，因爲無論時間長短，改變的時刻終將到來，爲他者的存有必須採取一個相對位置，於是原本的特質就消失了。我明白一些做了丈夫的人也會說妻子就是爲了他人而存在，但那種說法意義完全不同，只是一廂情願認定妻子至死都爲自己所擁有。請原諒他們，我認爲他們只是自欺欺人。

人類社會每個階層都一樣，充滿了習俗規矩以及自欺欺人，但其實就像外地人說外地故事一樣不是很可靠。想掌握精準的時間點很難，無法掌握的人則注定損失樂趣。時機很重要，時機到了以後，女人很重要，至於結果如何，我也無法說個準。其中一種結果是有了小孩；我雖然自認想像力豐富，但就算發瘋也不要接受那種結果。太難理解了，還是交給結婚的人吧。

——

昨天寇迪莉婭和我一起去朋友的夏季別墅拜訪。大家多半待在花園裡，玩了不少遊戲，其中一種是套圈圈。原本有位男士和寇迪莉婭搭檔，他先退下休息，我把握機會過去遮補。在這樣的活動中，她展現的優雅、美妙與魅惑，比起以往更加迷人！她扭動擺盪的韻律多麼協調，輕盈得好像在草地上舞蹈，身姿看似柔弱，其實只有觀察入微才能看見蘊含豐沛的活力。寇迪莉婭玩得狂野、目光充滿挑釁！我對這個遊戲特別有興趣，她一開始不明白原因，直到我故意和別人聊起交換戒指是個神聖的習俗，寇迪莉婭才晴天霹靂似的意會過來。之後氣氛截然不同，從深刻醒悟中湧出的情感點燃她整個人。我兩手的棍子上都套著環，故意先和其他人聊天拖延時間，而寇迪莉婭也明白我爲何如此。等我將環擲過去，她接住了，卻又將圓環拋得又高又遠，讓我絕對接不到。拋出圓環時，她的眼神毫無顧忌、膽大妄爲。有個故事說，一位法國士兵去俄國作戰，他的腿因爲壞疽而必須截肢，痛苦的手術結束以後，他立刻將截斷的腿往天上一丟，口裡大喊：*Vive l'empereur*（皇帝萬歲）。當時寇迪莉婭臉上就是那樣的表情，而且她比以往更加美麗，彷彿將兩個圈圈拋上天以後就要自言自語說：愛情萬歲。在我看來，她若一直沉浸在這種情緒之中也不好，因爲之後會過分失落。於是我保持冷靜，若無其事地利用旁人協助，慢慢拉著她重新專注在遊戲上。肢體活動有助於心情調適。

若當代有人願意進行這方面的調查並寫成論文，我也願意提供獎金：從審美的角度觀察，究竟何者比較端莊？是少女還是少婦？是稚嫩者還是見多識廣的人？而我們應當賦予何者更多自由呢？可惜在這年代，類似議題不受到大眾重視。換作古希臘，這樣的調查會引起普世關注，全國都要動員起來，特別是少女與少婦會積極參與。而我們不只不重視，甚至不願相信古希臘曾有兩位少女為了這類話題舉行一場競賽。[57]換作古希臘人，絕不會輕率看待這件事，大家都知道維納斯因此獲得美名，受到後世的膜拜崇敬。

已婚婦女有兩個階段展現出趣味，首先是還很年輕的時候，接著就要到年紀很大的時候。除此之外，無可否認地，已婚婦女也有絕美的時刻，在那一瞬間比起少女更迷人、更值得欣賞，只可惜這種機會過分難得，主要停留在想像中，現實生活裡太少見了，甚至可能不存在。在想像裡，少婦外貌散發光彩，懷中抱著孩子；她的全副心力都放在孩子上，自身消弭於無形。這幅圖畫是人類社會中最美的一幕，是大自然的神話，所以只能透過藝術品來成就，無法化為現實。畫面裡不能有別的角色，也不該有背景，一切多餘都會減損美感。

比方說，我們上教堂時，就常常會看見母親抱著小孩進來，但是孩童哭鬧已經夠擾人了，也感受得到父母心裡焦急地期盼孩子長大，即便沒有哭叫，環境背景也很是干擾。最糟糕的是父親在場，這是嚴重的缺陷，破壞了神話的純淨和魅力，彷彿合唱團揚聲傳來噩耗[58]，然後我們什麼美感也得不到。還好在想像的領域裡，那仍舊是最美的畫面。我膽大心細、積極進取，也勇於嘗試，不過若要在現實生活中追求這個美好瞬間，恐怕注定空手而回。

——

寇迪莉婭占滿我的心！不過沒關係，很快就要結束了。我的靈魂總是渴求甦醒，彷彿已經可以聽見遠方傳來公雞啼曉。爲何少女如此美麗，但美麗如此短暫？思緒至此，我的心蒙上一層灰，雖說實際上與我沒有多大關係。人生該用在享樂，不能虛耗。一般來說，腦子裡顧慮太多的人就無法盡興，不過稍稍動腦也無妨，因爲這股鬱悶——不爲自己，而是爲別人——通常會增添幾分男性特有的風采。所謂鬱悶這種東西，就好像一片薄霧，雖然模糊了一些男性剛強，卻也濃郁了專屬男性的情趣。多愁善感的女子也擁

57 譯按：她們比賽背部之美，並導致當地國王興建維納斯神殿。
58 譯按：維吉爾（Virgil）史詩《埃涅阿斯紀》（*Aeneis*）的一幕。

有類似的好處。

少女將自己的一切交出來，然後就抵達終點。我依舊惶恐不安地接近少女，因爲從少女的本質之中可以感受到那股永恆的巨大力量。但是我沒有思考過如何與已婚女性親密接觸，她們善於欲拒還迎，但在我眼中毫無意義，總不能說已婚婦女的帽子比起少女的秀髮來得動人。

所以我一直崇拜黛安娜女神，她象徵渾然天成的貞潔和矜持，令人心馳神往；然而儘管我欣賞這位女神，卻也總是有些疑問，主要就是我並不覺得她應當因爲自己代表的貞潔獲得這樣多的讚嘆。首先她保持貞潔，一部分是因爲身爲狩獵女神，爲了維護神力而必須如此。再者，研究文獻以後，我發現有些故事提到她聽說自己母親分娩時多麼疼痛，於是無比懼怕。這不能責怪黛安娜，畢竟我也同意歐里庇得斯的說法：寧可上三次戰場，也不想生一次小孩。要我愛慕黛安娜這位女神有點困難，不過若能與她聊一次天、談一次心，就算代價很大我也願意。想必她知道很多妙計，在某些層面上，或許連維納斯都顯得清純呢。我也不會想要偷窺她入浴，倒是很想透過問答來試探。要是偷偷會面，而我沒把握能占上風，就得好好準備，發揮最大的情愛力量來克服。

我時常思考一個問題：什麼情境、什麼場合，能夠營造出最誘人的畫面？當然，答案取決於提問者心裡的欲求，以及其成長背景。就我而言，答案是婚禮，而且是婚禮之中一個特殊的瞬間：新娘子打扮好了，但一切妝飾都敵不過她的美貌，然後她臉上一白，好似血液凝滯，胸口的起伏也靜止，眼神飄忽、腳步躊躇，就在身子微微顫抖的剎那，甜美的果實終於成熟。她彷彿進入天國，在肅穆中堅強，乘著誓言飛翔，獲得祈禱賜福，戴上桃金孃花冠[59]後心跳加速、目光低垂，自我潛進內心最深處，好像不再身處這世界，卻又全部奉獻給世界。當她胸脯高起，萬物讚嘆，所有聲音止息；謎語揭開之前，淚珠滑落、火炬已經點燃，而新郎正在等候。就是這一刻。轉瞬即逝的一刻。剩下最後一步，卻也是留下遺憾的一步。這時候即便最無足輕重的女孩也至關重大，就連小澤林娜[60]都變得要緊了，萬物合而爲一，所有反差對立在此和解；要是有所欠缺，特別

59 譯按：神話中桃金孃是愛神的聖樹，所以西方婚禮有佩戴桃金孃花冠的習俗。
60 譯按：莫扎特作品《唐．喬望尼》（*Don Giovanni*）中的角色。

是漏了重要的對比，會使得此情此景失去一分原有的動人之處。

有幅著名的版畫主題是個懺悔的女孩，外表相當年輕純眞，觀者幾乎要爲她、也爲聽告解的神父覺得羞愧了——這樣一個女孩子到底能有什麼罪過呢？她輕輕揭起面紗望向外面的世界，簡直像是在尋找日後可以懺悔的事情。不消說，她之所以告解，其實是因爲尊敬神父，覺得自己有這義務。這個畫面也有十分誘人的成分，尤其因爲畫裡頭只有少女一人，因此我們可以自由想像教堂或許極爲寬敞、有好多人在裡面布道等等。以美感而言這已經很不錯了，甚至我願意融入背景中，只要做爲主角的女孩子同意就好。可惜相比之下，程度還是差了一截，畢竟畫裡的女孩無論身心都顯得只是孩子，還需要一小段歲月才能孕育出眞正動人心弦的美。

——

在與寇迪莉婭的關係中，我是否始終堅守對自己的約定？我對自己的約定在於審美的層面，也是因爲美學所以我才堅強。我願意爲理念堅持下去。這祕密猶如參孫的頭髮，不過沒有大利拉來竊取。若只爲欺騙少女，我何來時間和心力。然而在過程中能實現理念，甚至爲理念服務效勞，那麼我甘願付出。正因如此，我可以克制私慾，不嘗不該嘗的愉悅。

那麼趣味是不是都保留了呢？沒錯，在這段私密對話裡頭，我敢大聲邀功。婚約本身就是情趣之一，因爲它帶來的不是一般人以爲有趣的結果，卻透過內在心靈和外在世界的衝突激盪出趣味。倘若我與她之間藕斷絲連，就只能得到第一層樂趣。但現在樂趣提升到更高的境界，之於寇迪莉婭亦然。婚約必然破裂，且是她親手所爲，而她那麼做正是爲了提升到更高境界。本該如此；這是寇迪莉婭必須全心奉獻才換得來的情趣啊。

九月十六日

束縛終於解開了。充滿著渴望，堅強無畏又聖潔的她，如同第一次可以張開雙翼的鳥。飛吧，鳥兒，盡情地飛！的確，倘若這樣豪氣的飛翔是爲了避開我，我會深深受傷，就好像皮格馬利翁[61]的摯愛又變回石頭一樣。我造就的少女宛如思緒般輕盈，爲何這會兒我的思緒卻不再屬於自己！眞令人絕望。片刻之前，於我無謂；片刻之後，我心無謂。只是此刻，也只有此刻，對我即是永恆。不過她不會眞正飛離我身邊。那麼，翱翔吧，鳥兒，驕傲地展開翅膀，征服這片藍天，我很快就會隨妳一同遨遊，與妳一起躲進最深沉的孤獨裡。

姑姑得知以後難免震驚，但是她相當開明，沒有勸阻寇迪莉婭，不過我仍略施小計使她站在我這邊。我一方面安撫老人家，另一方面繼續挑逗寇迪莉婭內心。姑姑非常同情我，當然她並不知道其實一點同情我的理由也沒有。

寇迪莉婭得到姑姑允許，對外稱是拜訪親戚，準備先住到鄉下去。看來她沒有沉溺在情緒中，眞是萬幸，否則外頭的議論還要好些時日才會平息。我斷斷續續地和她以書信保持聯絡，兩人之間的關係從此再度萌芽。必須要使寇迪莉婭在各個層面都堅強起來，最好能誘導她輕視男性，甚至出現憤世嫉俗的傾向。

她出發的那天，自然會有可靠的車伕接送，到了城門外還有我派去的僕人貼身照顧。抵達目的地，他們也不會離開，一直任憑她使喚。在我手邊最適合這項任務的人就是約翰。所有細節我已打點妥當，寇迪莉婭什麼都不缺，還會過得相當舒適，在那樣的環境中，她的靈魂將受到哄騙並緩和下來。

我的寇迪莉婭：

只是一兩個家庭裡傳出「失火了」的叫喊，並不會引起所有人注意，不會引來像是卡比托利歐山那樣的全城震驚。[62]或許妳已經面對過幾個人了，但是想像一下，若是茶會上或者喝咖啡時有人閒聊起這件事，再想想看，如果有一位女性堪與克勞迪烏斯（Matthias Claudius）筆下的拉爾斯相抗衡，那麼妳會更加明白自己失去了什麼：他人的好感。

隨信附上拉爾斯的銅版畫一幅。由於無法單獨購買，於是我購入克勞迪烏斯的整套作品，將這幅畫撕下來以後剩下的就扔了。到了這種時候，我豈還可以餽贈與妳無關的東西造成妳的困擾。我能做的，就只是竭盡所能討好妳，哪怕只是短短一瞬間也好。所

61 譯按：Pygmalion，古希臘神話中塞普勒斯國王，愛上自己的雕刻作品，維納斯便賦予其雕像生命。

62 譯按：高盧人進攻羅馬，夜晚行軍於卡比托利歐山時，結果引來鵝鳴，驚動全城。

以我哪敢混入不相關的事物？世界如此紛亂，困於有限生命的人心也一樣。但是妳，我的寇迪莉婭，自由的妳一定感到厭倦了。

妳的約翰尼斯

春天果然是陷入愛戀最好的季節，而秋天則是得到心之所欲最適合的季節。瀰漫於秋季的那股哀愁，與想要實現欲望的衝動不謀而合。今天我去鄉下那棟房子布置，幾天以後寇迪莉婭來到這兒，會發現周遭一切與她的靈魂相互呼應。我個人不會參與她的驚奇和喜悅，以免情慾變化削減了她靈魂的力道。只要在此獨處，她會迷失於夢境，隨處可見的提醒和象徵將指引她走入另一個世界。這樣的安排，若是有我在一旁，就全然失去意義，無法誘使她想起曾經與我共度的歡樂時光。此外，我也沒有過度布置，以免她的靈魂沉溺其中難以自拔。我要將她推上更高的境地，使她能夠一笑置之，之後的種種才有價值。而我自己這幾天也要常來，以維持適當情緒。

我的寇迪莉婭：

如今我才眞正稱呼妳是「我的」。沒有外在的束縛以後，我終於可以稱妳爲「我的」。只要我能緊緊擁抱妳，妳也能牢牢擁抱我，又怎麼需要戒指來提醒我們屬於彼此，難道我們的擁抱不是最好的戒指嗎？這個戒指扣得越緊，我們交纏得越密不可分，自由也就更加開闊。妳的自由就是屬於我，我的自由也是屬於妳。

妳的約翰尼斯

我的寇迪莉婭：

神話裡，奧菲斯打獵的時候愛上了仙子艾瑞圖莎，但是仙子不從，一直逃逸，最後來到奧提伽島上化爲泉水。奧菲斯傷心過度，最後在伯羅奔尼撒半島的伊利斯化爲河流。他沒有忘記自己與愛人到了大海就會相遇。變化的時間點過了嗎？回答我。相愛的時間點過了嗎？而妳的靈魂深沉純淨，和俗世僅以一泓泉水相繫，我又如何能夠相比？我是否告訴過妳，我像是一條陷入愛戀的河？如今我們分離，我豈不只能躍入大海，希望能再度與妳結合？我們到海底再相見，因爲只有在海底，我們才屬於彼此。

妳的約翰尼斯

我的寇迪莉婭：

很快地，很快地，妳即將屬於我。等到太陽終於閉起眼睛，歷史終結，神話開始，我不僅僅披上斗篷，還身纏黑夜，然後仔細聆聽，聽得不是腳步，而是心跳——只爲了找到妳。

妳的約翰尼斯

這幾天我不能時時刻刻親自陪伴她，令人擔心她是否會設想未來。以前寇迪莉婭不特別思考這件事，因爲我透過美學分散她的注意力。考慮未來是多麼沒有情趣，原因不外乎當下的生活不夠充實。要是我在她身邊，就不必擔心這種問題，保證令她忘記時間，甚至忘記永恆。不知怎樣使女孩子靈魂滿足到這種程度的男人，還是要施加哄騙與誘惑，否則注定在兩個地方觸礁。首先就是關於未來的種種疑問，再來就是對於忠貞的盤查。由此觀之，葛麗卿會對浮士德來一場小小詰問也是理所當然，誰叫浮士德自己欠缺思慮，顯露出性格中騎士那一面，女孩對這樣的攻勢會提高警戒。

一切打點完畢，寇迪莉婭住進去以後，無處不是機會讚嘆我的絕佳記性，但是更精確地說，她將連讚嘆的時間也沒有。每個畫面之於她都有深遠的意義，可是又沒有任何事物與我直接相關，我始終若隱若現又無所不在。效果如何，取決於她的第一眼，因此僕人已經得到詳細的指示，他在這方面很可靠，只要我吩咐，就能演得唯妙唯肖，好像每一句話都只是漫不經心脫口而出；這個僕人一臉天真無辜，所以也特別派得上用場。

地點也按照她的喜好挑選。坐在屋內中央，兩旁都是風景，環境十分開闊，會有一種徜徉天地間的錯覺。走到窗戶邊，就能看到地平線上如同花圈一樣的森林環繞；這景致再好不過，因爲愛情是什麼？不就是一個與世隔絕的空間嗎？就好比天堂不也是朝著東方、遠離塵囂的樂園？若覺得樹林環繞得太緊了，就去另一側的窗子看看，平靜的湖面掩藏在堤岸下，水畔的小船彷彿隨著內心不安起起伏伏，然後被深深的嘆息吹離了岸，隨著難以言喻、名爲渴望的微風劃過水面。湖水蕩漾，似是夢見了森林深處的幽暗，心境也在林子的神祕寧靜中化散無形。回頭瞧瞧，大海在眼前延伸，毫無阻礙，只有不羈的思緒追趕。

愛情，它愛什麼？無限。愛情，它怕什麼？界線。

隔壁還有一個小房間，完全供她私人使用，與瓦爾家宅子的客廳是類似格局，裝潢也相似到極點。地板上有很特別的柳條地氈，沙發前方的小茶几上面有一盞燈，與她家中的幾乎一模一樣。相同的布置，只是更豪華一些，我想少許差距無傷大雅才是。大客廳裡頭也有鋼琴，典雅樸素，但足以聯想到詹森家。琴蓋打開著，架上擱著瑞典小調的樂譜。走廊的門沒關緊，她從後面走進來。我怎麼交代，約翰就會怎麼做。他開門的時間如此完美，寇迪莉婭的眼睛同時看到小房間和鋼琴，回憶一瞬間湧入靈魂——完美無缺的幻象。

我相信她心裡會非常雀躍，然後立刻看見桌上有本書。約翰若無其事拿起來，隨口提起：一定是主人今天早上過來時忘記了。聽見這句話，寇迪莉婭就知道我來過，而且忍不住想看看那本書。她發現是阿普列尤斯《丘比特與賽琪》的德文譯本。不是詩集，也不應該是。若真的給少女讀詩，簡直是種侮辱，好像她自己不能汲取滿盈於世界、尚未經過詩人思慮的精純詩意。很少有人思考到這一層，但事實就是如此。寇迪莉婭想看這本書，目的就已經達成了。打開以後，她會找到一朵桃金孃，意義自然不僅是書籤。

我的寇迪莉婭：

怎麼，妳怕了？只要我們在一起，就會變得強悍，比整個世界、甚至天神都還要強悍。妳是否聽說過，遠古時代曾經有過一個不同的種族，他們雖然身爲凡人，卻自性圓滿，所以不瞭解情愛的結合。他們具有無比的力量，於是起了進攻天界的妄想。朱比特心生畏懼，便將這個種族的每個人都剖成兩半，一半成爲男性，另一半成爲女性，不過只要他們在愛中合而爲一，生出的力量就連朱比特也及不上。尚未一分爲二的個體已經勝過眾神，愛則是更高一層的結合，所以更加偉大。

妳的約翰尼斯

九月二十四日

夜深人靜，時鐘響起，距離零時還有一刻，城門的更夫吹響了祝禱，鳴響在田園迴蕩，又從漂白池[63]傳來。他進城了，然後再一次吹響號角，回音傳得更遠。萬物安靜沉睡，只有情愛除外。甦醒吧，愛情，將力量匯聚於這胸口！夜色靜謐，卻有一隻孤單鳥兒啼叫，拍打翅膀掠過薄霧籠罩的原野，朝著堤岸斜坡飛去，想必也是要趕赴幽會——我明白這是預兆！

大自然總是給予許許多多的預兆！從鳥兒的飛舞歌唱、從魚兒在水面的躍動和沉墜、從遠處小狗的嘶吠、從馬車車輪的喀噠作響、從模糊短暫的腳步聲之中，我不斷得到啓示。夜幕低垂，但我看不到鬼魅；在湖的懷抱、露的親吻、霧的覆蓋遮掩之中，我發現的不是已然，而是未然。萬物皆隱喻，自身即神話：若不是個神話，我爲何要趕赴幽會？我是誰已經不重要了。一切的短暫及有限早已忘卻，留存的只有永恆，只有愛的力量、渴望和幸福。我的靈魂如此敏銳，像是繃緊的弓弦，而思緒則是利箭，雖然無毒卻能與血液融合。我的靈魂熾烈、圓滿、喜悅，堪與天神媲美。

感謝您，不可思議的自然，賜給她與生俱來的美！您如同母親一樣眷顧她，無私的精神令人欽佩。也謝謝所有塑造她的人，因爲你們才成就這份純潔質樸。而她的成長，也是我的心血，很快我就要得到回報。爲了即將來臨的這一刻，我投入得太多太多，若是失敗了便萬劫不復！

還沒看見馬車，不過聽見鞭子聲了。逃命似的狂奔吧，除非馬兒倒下，否則沒到目的地絕不停休。

九月二十五日

這樣的夜晚爲什麼不能長一些？阿勒克特里翁[64]都願意忘記啼叫，太陽怎麼就不能夠同情？不過，一切都結束了。我也不想再見到她。女孩奉獻一切之後，什麼都沒了，變得軟弱無力。純眞在男子身上是瑕疵，在女子身上卻是存有的本質。事到如今，已經沒有任何阻礙，但是沒有阻礙的愛也就不美麗，只是習慣、甚至缺陷。

63 譯按：哥本哈根圍牆外湖畔專門進行紡織品漂白的加工區。

64 譯按：希臘神話中負責看守阿芙羅狄忒（維納斯）閨房的神，因為睡著而讓戰神阿瑞斯得以和女神偷情，但後來還是被太陽神發現。阿瑞斯一氣之下將阿勒克特里翁變成公雞，看到太陽就得啼叫。

我不要再想起自己與她的關係，她已經失去了芬芳，少女因爲愛人不忠實就變成向日葵的時代早已過去。[65]我不會與她道別，女人哭哭啼啼、死去活來的，最令人生厭也最沒有意義。我曾經愛過她，但此刻起她再無法占據我的心房。若我是神，就會像海神那樣將她變作男的。有件事倒值得去嘗試看看：是否能夠以詩意的手法離開一個女孩，還使她引以爲傲，認爲是自己厭煩了這段關係。以此做爲尾聲相當精彩，不僅具備心理學的研究價值，也將提供很多情愛的觀察材料。

65 譯按：神話中一位仙子因為愛上太陽神最終變為向日葵。

國家圖書館出版品預行編目資料

誘惑者的日記
齊克果 Søren Aabye Kierkegaard 著　陳岳辰 譯
初版. -- 臺北市 : 商周出版 : 家庭傳媒城邦分公司發行
2015.10　面；　公分

譯自：Forførerens Dagbog

ISBN 978-986-272-881-9(平裝)

1.齊克果(Kierkegaard, Søren, 1813-1855) 2.學術思想 3.哲學

149.63　　104017345

誘惑者的日記

原著書名／Forførerens Dagbog
作　　者／齊克果 Søren Aabye Kierkegaard
譯　　者／陳岳辰
責任編輯／陳玳妮

版　　權／林心紅
行銷業務／李衍逸、黃崇華
總 編 輯／楊如玉
總 經 理／彭之琬
發 行 人／何飛鵬
法律顧問／台英國際商務法律事務所 羅明通律師
出　　版／商周出版
台北市104民生東路二段141號9樓
電話：(02) 25007008　傳眞：(02)25007759
E-mail：bwp.service@cite.com.tw
Blog：http://bwp25007008.pixnet.net/blog
發　　行／英屬蓋曼群島商家庭傳媒股份有限公司城邦分公司
台北市中山區民生東路二段141號2樓
書虫客服服務專線：(02)25007718；(02)25007719
服務時間：週一至週五上午09:30-12:00；下午13:30-17:00
24小時傳眞專線：(02)25001990；(02)25001991
劃撥帳號：19863813；戶名：書虫股份有限公司
讀者服務信箱：service@readingclub.com.tw
城邦讀書花園：www.cite.com.tw
香港發行所／城邦（香港）出版集團有限公司
香港灣仔駱克道193號東超商業中心1樓
E-mail：hkcite@biznetvigator.com
電話：(852) 25086231 傳眞：(852) 25789337
馬新發行所／城邦（馬新）出版集團【Cite (M) Sdn. Bhd.】
41, Jalan Radin Anum, Bandar Baru Sri Petaling,
57000 Kuala Lumpur, Malaysia.
Tel: (603) 90578822　Fax: (603) 90576622
Email: cite@cite.com.my

封面設計／陳文德
排　　版／極翔企業有限公司
印　　刷／韋懋印刷事業有限公司

■2015年10月1日初版
定價280元

Printed in Taiwan

城邦讀書花園
www.cite.com.tw

商周出版

廣 告 回 函
北區郵政管理登記證
北臺字第000791號
郵資已付，免貼郵票

104 台北市民生東路二段141號2樓

英屬蓋曼群島商家庭傳媒股份有限公司城邦分公司 收

請沿虛線對摺，謝謝！

商周出版

書號：BA9014	書名：誘惑者的日記	編碼：

請於此處用膠水黏貼

商周出版

讀者回函卡

感謝您購買我們出版的書籍！請費心填寫此回函卡，我們將不定期寄上城邦集團最新的出版訊息。

不定期好禮相贈！
立即加入：商周出版 Facebook 粉絲團

姓名：＿＿＿＿＿＿＿＿＿＿＿＿＿＿＿＿＿＿＿＿ 性別：□男 □女

生日：西元＿＿＿＿＿＿年＿＿＿＿＿＿月＿＿＿＿＿＿日

地址：＿＿＿＿＿＿＿＿＿＿＿＿＿＿＿＿＿＿＿＿＿＿＿＿

聯絡電話：＿＿＿＿＿＿＿＿＿＿＿＿ 傳真：＿＿＿＿＿＿＿＿＿＿＿＿

E-mail ：

學歷：□ 1. 小學 □ 2. 國中 □ 3. 高中 □ 4. 大學 □ 5. 研究所以上

職業：□ 1. 學生 □ 2. 軍公教 □ 3. 服務 □ 4. 金融 □ 5. 製造 □ 6. 資訊
□ 7. 傳播 □ 8. 自由業 □ 9. 農漁牧 □ 10. 家管 □ 11. 退休
□ 12. 其他＿＿＿＿＿＿＿＿＿＿＿＿＿＿＿＿＿＿＿＿

您從何種方式得知本書消息？

□ 1. 書店 □ 2. 網路 □ 3. 報紙 □ 4. 雜誌 □ 5. 廣播 □ 6. 電視
□ 7. 親友推薦 □ 8. 其他＿＿＿＿＿＿＿＿＿＿＿＿＿＿

您通常以何種方式購書？

□ 1. 書店 □ 2. 網路 □ 3. 傳真訂購 □ 4. 郵局劃撥 □ 5. 其他＿＿＿＿

您喜歡閱讀那些類別的書籍？

□ 1. 財經商業 □ 2. 自然科學 □ 3. 歷史 □ 4. 法律 □ 5. 文學
□ 6. 休閒旅遊 □ 7. 小說 □ 8. 人物傳記 □ 9. 生活、勵志 □ 10. 其他

對我們的建議：＿＿＿＿＿＿＿＿＿＿＿＿＿＿＿＿＿＿＿＿＿＿＿＿
＿＿＿＿＿＿＿＿＿＿＿＿＿＿＿＿＿＿＿＿＿＿＿＿
＿＿＿＿＿＿＿＿＿＿＿＿＿＿＿＿＿＿＿＿＿＿＿＿

請於此處用膠水黏貼